中华人民共和国仲裁法

注释本

张　润　编著

法律出版社
LAW PRESS CHINA
·北　京·

图书在版编目（CIP）数据

中华人民共和国仲裁法注释本 / 张润编著. -- 北京 : 法律出版社, 2025. -- (法律单行本注释本系列).
ISBN 978-7-5244-0709-6

Ⅰ. D925.705

中国国家版本馆 CIP 数据核字第 2025V122X1 号

中华人民共和国仲裁法注释本
ZHONGHUA RENMIN GONGHEGUO
ZHONGCAIFA ZHUSHIBEN

张　润　编著

责任编辑 陈昱希　冯高琼
装帧设计 李　瞻

出版发行 法律出版社
编辑统筹 法规出版分社
责任校对 张红蕊
责任印制 耿润瑜
经　　销 新华书店

开本 850 毫米×1168 毫米　1/32
印张 6.25　　**字数** 170 千
版本 2025 年 9 月第 1 版
印次 2025 年 9 月第 1 次印刷
印刷 北京盛通印刷股份有限公司

地址：北京市丰台区莲花池西里 7 号（100073）
网址：www.lawpress.com.cn
投稿邮箱：info@lawpress.com.cn
举报盗版邮箱：jbwq@lawpress.com.cn

销售电话：010-83938349
客服电话：010-83938350
咨询电话：010-63939796

书号：ISBN 978-7-5244-0709-6
定价：25.00 元

凡购买本社图书，如有印装错误，我社负责退换。电话：010-83938349

编辑出版说明

现代社会是法治社会，社会发展离不开法治护航，百姓福祉少不了法律保障。遇到问题依法解决，已经成为人们处理矛盾、解决纠纷的不二之选。然而，面对纷繁复杂的法律问题，如何精准、高效地找到法律依据，如何完整、准确地理解和运用法律，日益成为人们“学法、用法”的关键所在。

为了帮助读者快速准确地掌握“学法、用法”的本领，我社开创性地推出了“法律单行本注释本系列”丛书，至今已十余年。本丛书历经多次修订完善，现已出版近百个品种，涵盖了社会生活的重要领域，已经成为广大读者学习法律、应用法律之必选图书。

本丛书具有以下特点：

1. 出版机构权威。成立于1954年的法律出版社，是全国首家法律专业出版机构，始终秉承“为人民传播法律”的宗旨，完整记录了中国法治建设发展的全过程，享有“社会科学类全国一级出版社”等荣誉称号，入选“全国百佳图书出版单位”。

2. 编写人员专业。本丛书皆由相关法律领域内的专业人士编写，确保图书内容始终紧跟法治进程，反映最新立法动态，体现条文本义内涵。

3. 法律文本标准。作为专业的法律出版机构，多年来，我社始终使用全国人民代表大会常务委员会公报刊登的法律文本，积淀了丰富的标准法律文本资源，并根据立法进度及时更新相关内容。

4. 条文注解精准。本丛书以立法机关的解读为蓝本，给每个条文提炼出条文主旨，并对重点条文进行注释，使读者能精准掌握立法意图，轻松理解条文内容。

5. 配套附录实用。书末“附录”部分收录的均为重要的相关法律、法规和司法解释，使读者在使用中更为便捷，使全书更为实用。

需要说明的是，本丛书中“适用提要”“条文主旨”“条文注释”等内容皆是编者为方便读者阅读、理解而编写，不同于国家正式通过、颁布的法律文本，不具有法律效力。本丛书不足之处，恳请读者批评指正。

我们用心打磨本丛书，以期待为法律相关专业的学生释法解疑，致力于为每个公民的合法权益撑起法律的保护伞。

法律出版社法规中心

2025 年 9 月

目　　录

附录一　相关法律及司法解释

附录二　国内主要仲裁机构仲裁规则

附录三　仲裁办案流程图

附录四　常用仲裁文书范本①

①　为便于读者使用文书范本，请扫描本页二维码下载电子版。

《中华人民共和国仲裁法》适用提要

仲裁是我国法律规定的纠纷解决制度，也是国际通行的纠纷解决方式。1994 年 8 月 31 日，第八届全国人大常委会第九次会议通过的《中华人民共和国仲裁法》（以下简称《仲裁法》），共 8 章 80 条，对仲裁原则、仲裁范围、仲裁机构、仲裁协议、仲裁程序、仲裁裁决撤销与不予执行等作了规定。2009 年 8 月 27 日，第十一届全国人大常委会第十次会议通过的《关于修改部分法律的决定》对《仲裁法》的部分条文进行了第一次修正。2017 年 9 月 1 日，第十二届全国人大常委会第二十九次会议通过的《关于修改〈中华人民共和国法官法〉等八部法律的决定》围绕担任仲裁员的条件对《仲裁法》进行了第二次修正。《仲裁法》自 1995 年施行以来，为服务经济发展和对外开放发挥了重要作用。截至 2025 年 8 月，全国依法设立 285 家仲裁机构，当事人涉及 100 多个国家和地区，处理的纠纷涉及金融、电子商务、建筑工程、海事海商、知识产权等领域。

2025 年 9 月 12 日，第十四届全国人大常委会第十七次会议表决通过的《仲裁法》，共 8 章 96 条，对仲裁事业发展的总体要求、涉外仲裁制度的完善、仲裁机构的管理、仲裁员的条件、中国特色仲裁实践创新等问题进行了修改，自 2026 年 3 月 1 日起施行。此次《仲裁法》修订意义重大、涉及内容广、亮点比较突出，将切实提升我国仲裁公信力和国际竞争力，更好服务高质量发展和高水平对外开放。

一、《仲裁法》修订背景与意义

习近平总书记多次对仲裁工作作出重要指示，强调要建设同高质量发展、高水平对外开放要求相适应的涉外法治体系和能力，为中国式现代化行稳致远营造有利法治条件和外部环境；积极发展涉外法律服务，培育一批国际一流的仲裁机构。党的十八届四中全会提出“完善仲裁制度，提高仲裁公信力”的改革任务。党的二十届三中全会作出深化仲裁制度改革，健全国际商事仲裁和调解制度，培育国际一流仲裁机构，推进海事仲裁制度规则创新的重要部署。随着我国社会主义市场经济的发展和对外开放的扩大，仲裁工作面临一些新情况新问题。此次修订《仲裁法》，意义包括：一是贯彻落实习近平总书记重要指示精神和党中央重大决策部署的必然要求；二是充分发挥仲裁化解经济纠纷的作用，营造良好营商环境的内在要求；三是解决仲裁实践突出问题，提高仲裁公信力的客观要求；四是加强涉外法治建设，为培育国际一流仲裁机构、打造国际商事仲裁优选地提供法治保障的重要举措。

二、《仲裁法》修订的主要内容

《仲裁法》自 1995 年施行以来，随着我国经济社会的快速发展，仲裁实践存在一系列问题，如仲裁机构内部治理结构不完善、仲裁发展秩序不规范、监督机制不健全、对仲裁的支持和保障不到位等。对此，此次《仲裁法》修订的思路包括坚持正确政治方向、坚持问题导向、助力高水平对外开放和坚持系统观念等。

（一）关于总则

《仲裁法》总则共计 12 条，此次修订新增 4 个条文，同时也对其他条文的文字表述进行了修改。第 2 条对仲裁的目的和功能进行了规定，即仲裁事业的发展贯彻落实中国共产党和国家的路线方针政策、决策部署，服务国家高质量发展和高水平对外开放，营造市场化、法治化、国际化营商环境，发挥化解经济纠纷的作用。第8条确立了仲裁应当遵循的诚信原则。同时也在第61条规定了虚假仲裁的规制举措。第11条规定了信息网络在线仲裁的法律效力。第12条规定了国家支持仲裁机构加强国际交流合作和参与国际仲裁规则制定。第3条对“公民、法人和其他组织”的表述进行了完善，即修改为“自然人、法人和非法人组织”，实现与《民法典》规定的统一。

（二）关于仲裁机构、仲裁员和仲裁协会

《仲裁法》第二章的章名由“仲裁委员会和仲裁协会”修改为“仲裁机构、仲裁员和仲裁协会”。本章共计14条，此次修订单独新增6条，对其他4个条文新增款项，同时也对其他条款的表述进行了完善。第13条明确了仲裁机构是公益性非营利法人的法律地位。第14条新增第2款和第3款对仲裁机构的备案、登记管理进行了规定。新增第16条对仲裁机构变更名称、住所、章程、法定代表人、组织人员进行规定。新增第17条对仲裁机构的终止登记进行了规定。第18条新增第2款对仲裁机构组成人员的任期及更换的比例作了规定。新增第19条，要求其建立健全内部治理结构及民主议事、人员管理、投诉处理等方面的制度，加强对组成人员、工作人员及仲裁员的监督。新增第20条，要求建立信息公开制度，接受社会监督。新增第21条对仲裁员的聘任要求进行了规定。第22条对仲裁员的条件进行了完善，即“从事律师工作”修改为“律师执业”，新增曾任检察官也可担任仲裁员，对从事“法律、经济贸易、海事海商、科学技术”等进行了修改，新增第2款对仲裁员的消极条件进行了规定，第3款明确境外人士也可担任仲裁员。第23条新增第2款对仲裁员不再具备担任仲裁员条件如何处理作了规定。新增第26条对国务院司法行政部门和省级人民政府司法行政部门对仲裁的指导与监督职责进行了规定。

(三)关于仲裁协议

《仲裁法》第三章对仲裁协议进行了规定。本章共计 5 条。第 27 条新增第 2 款对默示仲裁协议问题作了规定,即一方当事人在申请仲裁时主张有仲裁协议,另一方当事人在首次开庭前不予否认的,经仲裁庭提示并记录,视为当事人之间存在仲裁协议。第 30 条对仲裁协议的独立性进行了完善,即对合同是否成立、不生效、被撤销对仲裁协议的效力作了规定,同时也明确了是对“已经达成的仲裁协议”的效力影响。第 31 条对仲裁协议效力确认的机构进行了修改,即明确“仲裁机构或者仲裁庭”对仲裁协议的效力可作出决定。

(四)关于仲裁程序

《仲裁法》第四章对“仲裁程序”进行了规定。本章分 3 节共计 39 条,新增 2 条,有 3 条新增款项,对其他条款进行了文字表述修订。第 34 条对仲裁申请书内容进行了规定,要求载明“联系方式”。第 37 条新增“法律另有规定”时仲裁协议的妨诉效力作了规定。第 39 条对仲裁保全问题作了规定,新增行为保全的内容,新增第 2 款对仲裁前的保全进行了规定。新增第 41 条对仲裁送达进行了规定,即确立了按照当事人约定为原则和按照仲裁规则规定的方式送达为补充的送达要求。第 43 条对仲裁员的选任进行了修订,即规定了仲裁机构主任指定独任仲裁员要“按照仲裁规则确定的程序”,也规定了第三名仲裁员可由各自选定的仲裁员共同选定。第 44 条对当事人未能按照组成和选定仲裁员时,仲裁机构应按照仲裁规则确定的程序进行确定或指定。第 45 条新增第 1 款,对仲裁员信息披露制度进行了规定,即仲裁员存在可能导致当事人对其独立性、公正性产生合理怀疑情形的,该仲裁员应当及时向仲裁机构书面披露。第 46 条第 1 款第 1 项对“是本案代理人”的情形进行了完善规定。第 48 条对仲裁机构主任担任仲裁员时的回避决定主体进行了规定,即由“仲裁机构的其他组成人员集体决定”。第50条对条文序号进行了调整。第52条对协议公开审理的例外情形进行了补充，即涉及“他人的商业秘密或者个人隐私的”不能公开进行。第55条明确了仲裁庭自行收集证据时可以请求有关方面依法予以协助。第56条对仲裁中的鉴定问题进行了完善，对鉴定的启动方式、鉴定人的出庭义务等进行了规定。第58条新增第2款对仲裁前的证据保全问题进行了规定。新增第61条对虚假仲裁进行了规定，即仲裁庭发现当事人存在单方捏造型或双方恶意串通型虚假仲裁行为时应当驳回其仲裁请求。

（五）关于仲裁裁决撤销与执行

《仲裁法》第五章共计4条，对“申请撤销裁决”进行了规定。第72条对当事人申请撤销仲裁裁决的期限进行了修改，即由“六个月”缩减为“三个月”。第74条对重新仲裁的程序进行了完善，即“仲裁庭开始重新仲裁的，人民法院应当裁定终结撤销程序”。

《仲裁法》第六章共计3条，对仲裁裁决的“执行”进行了规定。第76条第1款对仲裁裁决不予执行的事由与申请撤销仲裁裁决的事由进行了统一，新增第2款明确执行仲裁裁决违背公共利益作为不予执行的事由。

（六）关于涉外仲裁的特别规定

《仲裁法》第七章是关于“涉外仲裁的特别规定”，共计11条。此次修订，新增5条，有2条新增款项。第78条，扩大了“涉外纠纷”的范围，即除了涉外经济贸易、海事纠纷，还增加了“其他涉外纠纷”。第79条规定了人民法院对涉外仲裁当事人证据保全申请的及时处理义务。第80条将“当事人和其他仲裁参与人签字”修改为“签名”。新增第81条对仲裁地制度作了规定。新增第82条对特别仲裁或临时仲裁制度作了规定。第83条新增款项对涉外仲裁裁决的撤销事由进行了规定。第84条对涉外仲裁裁决不予执行的事由与申请撤销涉外仲裁裁决的事由进行了统一。第

85 条对涉外仲裁裁决的范围进行了扩大,即由原“涉外仲裁委员会”扩大到“在中华人民共和国领域内”作出的仲裁裁决。新增第 86 条对支持仲裁机构在境外设立业务机构以及允许境外仲裁机构在自贸区等区域设立业务机构开展仲裁活动进行了规定。新增第 87 条对鼓励涉外仲裁当事人选择我国仲裁机构和约定我国作为仲裁地进行仲裁。新增第 88 条对外国仲裁裁决的承认与执行问题进行了规定。

(七)关于附则

《仲裁法》第八章是附则,共计 8 条。此次修订新增 4 条。新增第 89 条对仲裁机构的范围进行了界定,即包括依法设立的仲裁委员会、仲裁院等机构。第 91 条对仲裁机构如何制定仲裁规则进行了规定,即依照《仲裁法》和《民事诉讼法》的有关规定,可以参照中国仲裁协会制定的示范仲裁规则进行制定。第 92 条对仲裁机构收取仲裁费用的办法进行规定。第 93 条对特殊仲裁制度进行了规定,即对劳动争议仲裁、农村土地承包经营纠纷仲裁和体育仲裁进行了规定。新增第 94 条对国际投资仲裁进行了规定。新增第 95 条对违反仲裁机构登记管理的行为如何处理进行了规定。

三、《仲裁法》修订的主要亮点

(一)明确仲裁事业发展的总体要求

此次修订规定仲裁事业的发展要贯彻落实中国共产党和国家的路线方针政策、决策部署,服务国家高质量发展和高水平对外开放,营造市场化、法治化、国际化营商环境,发挥化解经济纠纷的作用。

(二)完善涉外仲裁制度

在完善涉外仲裁制度方面,拓宽涉外仲裁案件范围;增加规定特定涉外纠纷的当事人可以在仲裁机构之外,选择由符合法定条件的人员组成仲裁庭按照约定的仲裁规则进行仲裁;增设仲裁地制度;支持仲裁机构加强对外交流合作,支持仲裁机构“走出去”

“引进来”；明确我国仲裁机构、仲裁庭可以办理国际投资仲裁案件等。

（三）完善仲裁机构内部治理、担任仲裁员的条件等方面的制度

一是明确仲裁机构的公益性非营利法人属性，要求其建立健全内部治理结构及民主议事、人员管理、投诉处理等方面的制度，加强对组成人员、工作人员及仲裁员的监督。二是授权国务院制定仲裁机构登记管理的具体办法，并明确违反仲裁机构登记管理规定的，依照有关法律、行政法规的规定处理。三是规范仲裁机构变更、注销登记程序。四是规范仲裁机构组成人员的任期及换届。五是完善担任仲裁员的条件，拓宽仲裁员聘任渠道。六是提高仲裁机构、仲裁员的透明度，建立信息公开和披露制度。

（四）推进与国际通行规则相融通的中国特色仲裁实践创新

一是明确仲裁应当遵循诚信原则，增设防范虚假仲裁的相关规定。二是适应信息技术的发展，增加网络在线仲裁制度。三是扩大仲裁协议的认定方式，规定一方当事人主张有仲裁协议，另一方当事人在首次开庭前不予否认的，经仲裁庭提示并记录，视为当事人之间存在仲裁协议。四是增加仲裁文书送达制度，拓宽首席仲裁员选定方式，充分尊重当事人意思自治。五是明确仲裁机构主任指定仲裁员时需遵循仲裁规则确定的程序，以提高仲裁庭组庭的公正性。六是缩短申请撤销裁决的时限，促进仲裁优势的发挥。七是加大法院等有关方面在保全、证据收集等方面对仲裁的支持力度。

中华人民共和国仲裁法

（1994年8月31日第八届全国人民代表大会常务委员会第九次会议通过　根据2009年8月27日第十一届全国人民代表大会常务委员会第十次会议《关于修改部分法律的决定》第一次修正　根据2017年9月1日第十二届全国人民代表大会常务委员会第二十九次会议《关于修改〈中华人民共和国法官法〉等八部法律的决定》第二次修正　2025年9月12日第十四届全国人民代表大会常务委员会第十七次会议修订）

第一章　总　　则

第一条　【立法宗旨】[①]为了保证公正、及时仲裁经济纠纷，保护当事人的合法权益，保障社会主义市场经济健康发展，制定本法。

条文注释

目前我国解决民事纠纷的途径主要包括协商、调解、仲裁和诉讼等。其中，仲裁是解决民商事纠纷的重要方式。仲裁，是指双方当事人在争议发生前或争议发生后达成协议，将争议的事项提交依法设立的仲裁机构进行审理，并由其作出具有约束力的裁决，双方当事人有义务执行的一种解决争议的方法。

---

① 条文主旨为编者所加，下同。——编者注

仲裁具有以下特征:(1)自愿性。当事人之间的纠纷产生后,是否将其提交仲裁、交给谁仲裁、仲裁庭的组成人员如何产生、仲裁适用何种程序规则和哪个实体法,都是在当事人自愿的基础上,由当事人协商确定的。仲裁尊重当事人的意愿,坚持意思自治的基本原则。(2)专业性。仲裁所要解决的纠纷内容涉及法律、经济贸易和技术性等问题,具有较强的专业性。仲裁的专业性主要体现为仲裁员的专业性,即仲裁员具有专业的法学理论研究水平和实务能力。(3)灵活性。鉴于仲裁的自愿性,仲裁庭的组成、开庭方式、仲裁规则、文书格式、裁决书的内容和形式、办案时限、仲裁代理等方面具有较强的灵活性。(4)保密性。仲裁的保密性主要体现为仲裁以不公开审理为原则,同时也要求仲裁员及仲裁秘书遵守保密义务,不得将仲裁文件、实体审理情况以及审理程序对外披露。(5)快捷性。仲裁实行一裁终局的制度,仲裁裁决一经作出即产生法律效力,当事人不得再提起诉讼或者再次就同一纠纷申请仲裁。相较于民事诉讼的两审终审,仲裁更具效率性。(6)经济性。仲裁的经济性主要体现为时间上的快捷、无须多审级收费以及仲裁的自愿性和保密性对商业机会的影响较小等方面。(7)独立性。仲裁独立性的核心在于仲裁是一种独立的纠纷解决方式,是与诉讼相平行的纠纷解决方式。仲裁的独立性体现为仲裁机构的独立性和仲裁庭的独立性。仲裁不实行级别管辖,各仲裁机构间也没有隶属关系,因此仲裁得以独立进行,不受任何机关、社会团体和个人的干涉。仲裁庭的独立性,是指在机构仲裁下,仲裁庭审理案件时,也不受仲裁机构的干涉。

仲裁法是指规范仲裁法律关系主体的行为和调整仲裁法律关系的由国家制定或认可的法律规范的总称。仲裁法有广义和狭义之分。狭义的仲裁法即仲裁法典,是最高国家权力机关制定颁行的关于仲裁的专门法律,如本法。广义的仲裁法也称实质意义上的仲裁法,是指所有与仲裁相关的法律规范,包括《民法典》①和《民事诉

---

① 为便于阅读,本书“条文注释”“典型案例”“关联法规”部分涉及的法律、法规名称中不含“中华人民共和国”字样。

讼法》等有关法律文件中涉及仲裁的法律规范。

第二条 【党的领导】仲裁事业的发展贯彻落实中国共产党和国家的路线方针政策、决策部署，服务国家高质量发展和高水平对外开放，营造市场化、法治化、国际化营商环境，发挥化解经济纠纷的作用。

条文注释

本条为2025年《仲裁法》修订新增条款，明确要求仲裁事业应贯彻落实中国共产党和国家的路线、方针、政策及各项决策部署，服务国家高质量发展和高水平对外开放，充分发挥仲裁机制在营造市场化、法治化、国际化营商环境，化解社会矛盾纠纷、促进社会和谐稳定等方面的积极作用。

第三条 【适用范围】平等主体的自然人、法人、非法人组织之间发生的合同纠纷和其他财产权益纠纷，可以仲裁。

下列纠纷不能仲裁：

（一）婚姻、收养、监护、扶养、继承纠纷；

（二）依法应当由行政机关处理的行政争议。

条文注释

本条是对仲裁主体及适用范围的规定。根据《民法典》第2条的规定，民事主体包括自然人、法人和非法人组织，2025年《仲裁法》修订将“公民”“其他组织”的表述更改为“自然人”“非法人组织”，与《民法典》的表述保持一致。

根据本条第1款规定，可以提交仲裁的纠纷应符合以下三个条件：(1)主体的平等性，即发生纠纷的双方当事人应当是平等的自然人、法人、非法人组织；(2)仲裁事项的可处分性，即仲裁的争议事项是当事人依法享有处分权的；(3)仲裁事项的限定性。具体而言，提交仲裁的纠纷在实践中仅限于民商事纠纷，包括合同纠纷和涉及其他财产权益的非合同纠纷。合同纠纷具体包括一般民商事合同纠纷，技术合同纠纷，著作权合同纠纷，房地产合同纠纷，涉外民商事合同纠纷，海事、海商合同纠纷以及其他民商事合同纠纷。根据《最高人民法院关于适用〈中华人民共和国仲裁法〉若干问题的解释》第2条的规定，当事人概括约定仲裁事项为合同争议的，基于合同成立、效力、变更、转让、履行、违约责任、解释、解除等产生的纠纷都可以认定为仲裁事项。涉及其他财产权益的非合同纠纷，主要是指侵权纠纷。这类纠纷在海事、房地产、产品质量、知识产权领域较为多见。

本条第2款以列举的方式规定了不能仲裁的纠纷范围：

1. 婚姻、收养、监护、扶养、继承纠纷。这类纠纷虽然也属于民事纠纷，且在不同程度上涉及当事人的财产权益，但都建立在身份关系的基础上，当事人往往不能自由处分这方面的权利，故依法不适用仲裁。当事人可以通过人民调解或者民事诉讼等方式解决相关争议。

2. 依法应当由行政机关处理的行政争议。由于此类争议涉及国家行政机关之间，行政机关与其他国家机关、企事业单位、社会团体以及公民之间因行政管理而引起的纠纷，事项涉及国家行政权，当事人无权自由处分，故依法不适用仲裁，争议双方可以通过行政复议或者行政诉讼的方式解决相关行政争议。

此外，其他相关法律法规也规定了部分仲裁不适用本法规定：

1. 劳动争议仲裁、农村土地承包经营纠纷仲裁和体育仲裁。结合本法第93条的规定，对于劳动争议仲裁、农村土地承包经营纠纷仲裁和体育仲裁，不适用本法规定，而应适用《劳动争议调解仲裁法》《农村土地承包经营纠纷调解仲裁法》《体育法》等相关法律的规定。

2. 人事争议仲裁。根据《人事争议处理规定》第2条的规定，实施公务员法的机关与聘任制公务员之间、参照《公务员法》管理的机关（单位）与聘任工作人员之间因履行聘任合同发生的争议；事业单位与工作人员之间因解除人事关系、履行聘用合同发生的争议；社团组织与工作人员之间因解除人事关系、履行聘用合同发生的争议；军队聘用单位与文职人员之间因履行聘用合同发生的争议以及依照法律、法规规定可以仲裁的其他人事争议发生后，当事人可以从知道或应当知道其权利受到侵害之日起60日内，以书面形式向有管辖权的人事争议仲裁委员会申请仲裁。

典型案例

1. 最高人民法院仲裁司法审查典型案例：上海申鑫足球俱乐部有限公司与上海申花足球俱乐部有限公司、上海绿地体育文化发展有限公司其他合同纠纷案［上海市第二中级人民法院（2023）沪02民终6825号］

典型意义：本案系《体育法》修订及中国体育仲裁委员会设立后，全国首例明确界定多层次体育纠纷解决机制间主管边界的案件。在"依法治体"的新格局下，人民法院准确界定体育协会内设仲裁委、中国体育仲裁委员会的受案范围，促进体育纠纷多元化解决机制发展，体现了对体育自治的鼓励，发挥专门机构处理纠纷专业性、及时性等优势，充分保障了当事人的救济权利和体育纠纷的实质性化解。本案为类案的审理提供了可资借鉴的思路，更为推进体育治理体系和治理能力现代化、加快建设体育强国提供了司法保障。

2. 入库案例：某亚太控股有限公司等诉新疆某某管理咨询有限责任公司等仲裁程序案［最高人民法院（2018）最高法民辖终453号］

裁判要旨：侵权责任纠纷具有可仲裁性。当事人在合同中约定的仲裁条款对基于该合同提起的侵权之诉原则上具有约束力。

3. 入库案例：连平某公司申请确认仲裁协议效力案［广东省广州市中级人民法院（2023）粤01民特185号］

裁判要旨：用人单位与聘用人员所签订的协议，既包括劳动合同内容，也包括平等主体之间关于民商事活动权利义务的内容；双方约定以仲裁方式解决争议的，不能以协议中有劳动合同内容，便一概认为因协议产生的所有争议均不得进行仲裁。司法审查仲裁协议效力时应甄别争议类型，对于当事人之间不属于劳动争议的其他民商事争议，应当尊重当事人的仲裁意愿，认定该仲裁条款中关于其他民商事争议的部分有效。

关联法规

《最高人民法院关于适用〈中华人民共和国仲裁法〉若干问题的

解释》第2条;《仲裁法》第93条;《劳动争议调解仲裁法》;《农村土地承包经营纠纷调解仲裁法》;《体育法》第91~100条;《劳动法》第77条、第79条、第82~84条;《公务员法》第105条;《人事争议处理规定》;《体育仲裁规则》;《最高人民法院关于审理劳动争议案件适用法律问题的解释(一)》;《最高人民法院关于审理劳动争议案件适用法律问题的解释(二)》;《最高人民法院关于审理涉及农村土地承包经营纠纷调解仲裁案件适用法律若干问题的解释》;《人力资源和社会保障部办公厅关于人事争议仲裁适用有关法律问题的答复意见的函》;《最高人民法院关于人民法院审理事业单位人事争议案件若干问题的规定》;《最高人民法院关于事业单位人事争议案件适用法律等问题的答复》

第四条 【自愿仲裁原则】当事人选择仲裁方式解决纠纷,应当遵循自愿原则,达成仲裁协议。没有仲裁协议,一方申请仲裁的,仲裁机构不予受理。

条文注释

本条规定了仲裁法的基本原则之一的"自愿原则"。仲裁最本质的特征即尊重当事人的意愿,遵循意思自治原则。自愿原则就是这一本质的反映,是当事人意思自治最充分的体现。自愿原则贯穿仲裁程序的始终,是仲裁制度的根本原则,是仲裁制度存在和发展的基础。仲裁的自愿原则主要体现在:(1)当事人是否将他们之间所发生的争议提交仲裁,应由双方当事人自愿协商决定;(2)当事人将哪些争议事项提交仲裁,由双方当事人在法律规定的范围内自行约定;(3)当事人将他们之间的争议提交哪个仲裁机构仲裁,由双方当事人自愿协商决定;(4)仲裁庭如何组成,由谁组成,由当事人自主选定;(5)双方当事人可以自主约定仲裁的审理方式、开庭方式等有关的程序事项。

同时,本条还规定了仲裁基本制度之一的协议仲裁制度,协议仲裁制度是仲裁自愿原则的具体体现。协议仲裁制度,是指当事人向仲裁机构申请仲裁,必须以当事人双方达成的仲裁协议为依据,没有仲裁协议,仲裁机构不予受理。仲裁协议是协议仲裁制度的核心与灵魂,该制度为遵循仲裁的内在规律,独立、公正地解决各类民商事纠纷奠定了基础。

典型案例

1. 指导性案例198号:中国工商银行股份有限公司岳阳分行与刘某良申请撤销仲裁裁决案[湖南省岳阳市中级人民法院(2018)湘06民特1号]

裁判要旨:实际施工人并非发包人与承包人签订的施工合同的当事人,亦未与发包人、承包人订立有效仲裁协议,不应受发包人与承包人的仲裁协议约束。实际施工人依据发包人与承包人的仲裁协议申请仲裁,仲裁机构作出仲裁裁决后,发包人请求撤销仲裁裁决的,人民法院应予支持。

2. 最高人民法院仲裁司法审查典型案例:中国泛海控股集团有限公司与郭某申请确认仲裁协议效力案[北京金融法院(2022)京74民特13号]

典型意义:本案系主从合同中仲裁条款扩张效力认定的典型案例。当事人意思自治是仲裁协议的基石。人民法院充分尊重当事人的仲裁意愿,根据主从合同的关系、仲裁的特殊性、仲裁条款的要式性等因素,在从合同没有仲裁条款的情况下,认定主合同的仲裁条款对从合同不具有约束力。本案为规范仲裁条款效力的扩张提供了有益的类案指引。

关联法规

《仲裁法》第27~31条、第37条;《最高人民法院关于适用〈中华人民共和国仲裁法〉若干问题的解释》第3~6条

第五条 【或裁或审制度】当事人达成仲裁协议,一方向人民法院提起诉讼的,人民法院不予受理,但仲裁协议无效或者法律另有规定的除外。

条文注释

本条规定了我国仲裁基本制度之一的或裁或审制度。仲裁与诉讼是两种不同的纠纷解决方式，或裁或审制度是确定具体纠纷方式所适用的制度，也是标志仲裁作为独立的纠纷解决方式的制度。

或裁或审制度，是指双方当事人对所发生的争议，可以选择通过仲裁方式解决，或者通过诉讼方式解决的制度。或裁或审制度主要体现在以下两个方面：

第一，对当事人而言，或裁或审制度意味着当事人对纠纷解决方式享有选择权。即当事人之间发生的争议只能由双方当事人在仲裁或者诉讼中选择其一加以采用。如果当事人达成了仲裁协议，当发生纠纷时，任何一方当事人均不能就该争议向人民法院提起诉讼，而应当依据仲裁协议向仲裁机构申请仲裁。如果当事人未能就争议的解决方式达成一致，或者所达成的仲裁协议依法被认定为无效时，当事人只能就该争议通过诉讼方式解决，而不能向仲裁机构申请仲裁。

第二，对仲裁机构和法院而言，仲裁机构不能受理当事人之间没有仲裁意愿的纠纷，而对法院来说，人民法院不能受理当事人之间已达成仲裁协议的纠纷。根据《民事诉讼法》第 127 条第 2 项的规定，双方当事人对合同纠纷自愿达成书面仲裁协议向仲裁机构申请仲裁、不得向人民法院起诉的，人民法院应当告知原告向仲裁机构申请仲裁。由此可见，仲裁协议是确定纠纷解决方式的唯一依据，有效的仲裁协议具有排除人民法院管辖权的效力。只有在没有仲裁协议，仲裁协议无效、失效，或者双方当事人共同放弃仲裁协议等情况下，人民法院才可以行使司法管辖权。

典型案例

1. 入库案例：马某诉北京某投资中心、北京某管理公司民间借贷纠纷案[河北省石家庄市中级人民法院(2022)冀 01 民再 70 号]

裁判要旨：合同约定的仲裁条款对合同之外的当事人不具有约束力。债权人起诉合伙企业偿还借款，并诉请普通合伙人承担连带责任的，普通合伙人以其与债权人之间约定了仲裁条款为由，主张案件不属于人民法院受理案件范围的,人民法院不予支持。

2. 入库案例: 广东九某科技有限公司诉东莞得某有限公司合同纠纷案[广东省东莞市中级人民法院(2021)粤19民辖终582号]

裁判要旨: 当事人达成仲裁协议,表明当事人具有将争议提交仲裁而非通过诉讼方式解决的合意。当仲裁条款约定由某地的仲裁机构仲裁但该地仲裁机构并非一个时,人民法院应当充分尊重当事人意思自治,结合订约时的实际情况,合理判断当事人是否明确选定了具体仲裁机构,不能机械认定仲裁条款无效。

关联法规

《仲裁法》第27~31条、第37条;《民事诉讼法》第126条、第127条;《最高人民法院关于适用〈中华人民共和国民事诉讼法〉的解释》第215条、第216条;《最高人民法院关于适用〈中华人民共和国仲裁法〉若干问题的解释》第3~7条

第六条 【仲裁机构的选定】 仲裁机构应当由当事人协议选定。

仲裁不实行级别管辖和地域管辖。

条文注释

本条是仲裁自愿原则的具体体现,即仲裁机构的管辖权以双方合意为前提。当事人将他们之间的纠纷提交哪个仲裁机构仲裁,由双方当事人自愿协商决定。当事人可以选择共同信任并且对纠纷处理比较方便的仲裁机构进行仲裁,而不受地域因素、争议金额大小或案件难易程度、影响大小等因素影响。与之相比,当事人提起诉讼要受到严格的级别和地域管辖的限制,即使是协议管辖,也须符合法律规定的适用对象和选择范围。

根据本法的规定,仲裁机构应当由当事人协议选定,根据最高人民法院的相关司法解释,在选定仲裁机构时应当注意以下问题:

1. 当事人在仲裁协议中约定的仲裁机构名称虽不准确,但能够确定具体仲裁机构的,应当认定选定了仲裁机构。

2. 仲裁协议约定两个以上仲裁机构的，当事人可以协议选择其中一个仲裁机构申请仲裁；当事人不能就仲裁机构选择达成一致的，仲裁协议无效。

3. 仲裁协议约定由某地的仲裁机构仲裁且该地仅有一个仲裁机构的，该仲裁机构视为约定的仲裁机构。该地有两个以上仲裁机构的，当事人可以协议选择其中一个仲裁机构申请仲裁；当事人不能就仲裁机构选择达成一致的，仲裁协议无效。

关联法规

《仲裁法》第 13 条、第 29 条；《最高人民法院关于适用〈中华人民共和国仲裁法〉若干问题的解释》第 3 ~ 6 条

第七条　【公平合理合法仲裁原则】仲裁应当根据事实，符合法律规定，公平合理地解决纠纷。

条文注释

本条是对“以事实为根据，以法律为准绳”原则的确认和发展。即在仲裁中要坚持以事实为根据、以法律为准绳的原则，同时，在法律没有强制性规定或者规定不完备的情况下，仲裁庭可以按照公平合理的一般性原则来解决纠纷。包含以下内容：

第一，以事实为根据，以法律为准绳是我国的司法原则。仲裁作为国家法律认可的具有司法色彩的纠纷解决方式，也必须遵循这一原则。仲裁应当以事实为根据，是指仲裁庭必须以客观事实为依据，在当事人举证、质证的基础上，通过对证据的审查判断查清事实，作出仲裁裁决。仲裁以法律为准绳，是指仲裁庭在查清事实的基础上，应当依照现行法律的规定，确定双方当事人的权利义务关系。符合法律规定意味着，不仅要符合民事实体法的规定，同时必须符合仲裁程序法的规定。根据事实，符合法律是公正解决纠纷的基础和核心，是我国实行依法仲裁的依据。

第二，仲裁庭应当依照公平合理的原则解决纠纷。公平合理是纠纷解决的一般性原则，是友好仲裁的精髓所在。首先，公平合理原

则强调仲裁庭应当平等地对待双方当事人,给予他们平等的陈述和辩论机会,不得偏袒或者歧视任何一方当事人。其次,公平合理原则意味着仲裁庭应当遵循法律的精神和理念,并依据双方当事人的合同约定,参照国际惯例审理和裁决案件。特别是在法律没有强制性规定或者规定不完备的情况下,更应当本着公平合理的原则进行仲裁。

关联法规

《仲裁法》第45～49条

第八条　【诚信仲裁原则】仲裁应当遵循诚信原则。

条文注释

本条是2025年《仲裁法》修订新增条款,确立了诚信原则为仲裁活动的基本原则。诚信原则系民事主体从事民事活动的基本法律原则,也是司法机关、仲裁机构从事诉讼、仲裁活动的基本准则。《民事诉讼法》早已明确规定"民事诉讼应当遵循诚信原则"。2025年《仲裁法》修订增设这一条款,弥补了《仲裁法》长期以来为人诟病的诚信原则缺失,为"禁反言""禁止虚假仲裁"等规则提供了法律依据。

关联法规

《民法典》第7条;《民事诉讼法》第13条

第九条　【仲裁独立原则】仲裁依法独立进行,不受行政机关、社会团体和个人的干涉。

条文注释

仲裁独立原则,是指仲裁机构在设置上不依附于行政机关、社会团体,在审理仲裁案件时,依法独立进行审理、裁决,不受行政机关、社会团体和个人的干涉。具体而言:一是仲裁独立于行政机关,仲裁与行政脱钩是仲裁独立原则的核心内容;二是仲裁组织体系中仲裁协会、仲裁机构和仲裁庭三者之间相互独立,并且仲裁机构之间相互独立,没有高低之分,没有上下级之别,各自依据法律,独立仲裁案件;三是仲裁不受任何社会团体和个人干涉。仲裁庭是行使仲裁权的主体,仲裁案件的权力来源于当事人直接或间接的授予。因此,仲裁庭的独立性是案件公正裁决的基础。仲裁庭对仲裁案件具有独立的审理权和裁决权,不仅不受行政机关、社会团体和个人的干涉,也不受仲裁机构本身的干涉。

关联法规

《仲裁法》第24～26条

第十条　【一裁终局制度】仲裁实行一裁终局的制度。裁决作出后,当事人就同一纠纷再申请仲裁或者向人民法院提起诉讼的,仲裁机构或者人民法院不予受理。

裁决被人民法院依法裁定撤销或者不予执行的,当事人就该纠纷可以根据双方重新达成的仲裁协议申请仲裁,也可以向人民法院提起诉讼。

条文注释

本条确立了仲裁程序中的"一裁终局"制度。一裁终局制度,是指当事人之间的纠纷,一经仲裁庭审理和裁决即告终结,该裁决具有终局法律效力的制度。一裁终局制度具有以下几层含义:(1)当事人之间的纠纷经仲裁庭审理和裁决后,任何一方当事人不得就同一纠纷再次向仲裁机构申请仲裁。(2)当事人之间的纠纷经仲裁庭审理和裁决后,任何一方当事人不得就同一纠纷向人民法院提起诉讼。(3)仲裁庭所作出的仲裁裁决与人民法院所作出的终审判决具有同等的法律效力,当事人应当履行裁决,一方当事人不履行的,另一方当事人可以依照民事诉讼法的有关规定向人民法院申请执行。

典型案例

入库案例:陈某昱、张某彬诉某咨询公司申请撤销仲裁裁决案[福建省南平市中级人民法院(2022)闽07民再3号]

裁判要旨:虽然《仲裁法》《民事诉讼法》规定了仲裁司法监督制

度，但最高人民法院曾先后作出法释〔1999〕6号《关于当事人对人民法院撤销仲裁裁决的裁定不服申请再审人民法院是否受理问题的批复》、法复〔1997〕5号《关于人民法院裁定撤销仲裁裁决或驳回当事人申请后当事人能否上诉问题的批复》（已失效）、法释〔2000〕17号《关于人民检察院对撤销仲裁裁决的民事裁定提起抗诉人民法院应如何处理问题的批复》、法释〔2000〕46号《关于人民检察院对不撤销仲裁裁决的民事裁定提出抗诉人民法院应否受理问题的批复》、法释〔2004〕9号《关于当事人对驳回其申请撤销仲裁裁决的裁定不服而申请再审，人民法院不予受理问题的批复》等，上述一系列批复体现出最高人民法院一贯秉持仲裁司法监督有限的态度，避免审判权对仲裁的干预过大，以保护当事人的意思自治，促进仲裁事业的发展。

仲裁是当事人自治性解决纠纷的制度，其立法意旨在于充分尊重当事人的意思自治，简化程序，迅速、快捷地解决纠纷。如果允许当事人对于法院驳回申请撤销仲裁裁决的裁定申请再审，则仲裁裁决随时有可能通过再审程序被撤销，效力无法确定，违背了"一裁终局"和仲裁司法监督有限的原则。院长发现程序启动再审会产生同样的问题，一般亦不应准许。然本案的特殊之处在于，当事人对于合同是否存在仲裁条款存有争议，而根据查明的事实，可以认定仲裁条款的印章系事后加盖，并非当事人的真实意思表示。在此情况下，自不存在尊重当事人意思自治原则的情形，对驳回申请撤销仲裁裁决的裁定应当启动再审程序予以纠正。

关联法规

《仲裁法》第65条、第70条；《最高人民法院关于当事人对驳回其申请撤销仲裁裁决的裁定不服而申请再审，人民法院不予受理问题的批复》

第十一条　【等效原则】仲裁活动可以通过信息网络在线进行，但当事人明确表示不同意的除外。

仲裁活动通过信息网络在线进行的，与线下仲裁活动具有同等法律效力。

条文注释

本条是2025年《仲裁法》修订新增条款，确立了网络在线仲裁的制度以及线上线下仲裁的“等效原则”。在仲裁实践中，中国国际经济贸易仲裁委员会、北京仲裁委员会、中国海事仲裁委员会以及深圳国际仲裁院在其各自的仲裁规则中均明确，当事人可以约定适用网上仲裁规则进行网上开庭。网络在线仲裁具有非接触性、即时性，突破地域的局限性等特征，有助于低成本、高效率地解决商事纠纷。《民事诉讼法》在2021年修正中首次明确线上诉讼形式以及线上线下诉讼活动等效的原则。与之类似，2025年《仲裁法》修订亦增设此项规定。

在理解本条时，应当注意以下两点：(1)通过信息网络进行在线仲裁活动，应遵循自愿、处分原则，以当事人同意为前提。部分当事人不同意的，相应环节可以采取同意方当事人线上、不同意方当事人线下的方式进行。(2)通过信息网络在线进行的仲裁活动与线下仲裁活动具有同等法律效力；无论是“全部仲裁环节在线”，还是“部分仲裁环节在线”，抑或“部分当事人线上，部分当事人线下”，都属于仲裁活动通过信息网络平台在线进行的形式。

关联法规

《民事诉讼法》第16条；《中国国际经济贸易仲裁委员会仲裁规则(2024版)》第37条；《北京仲裁委员会仲裁规则》第25条；《中国海事仲裁委员会仲裁规则(2021版)》第39条；《深圳国际仲裁院仲裁规则(2025版)》第67条

第十二条　【国家支持仲裁国际交流合作】国家支持仲裁机构加强与境外仲裁机构和有关国际组织的交流合作，积极参与国际仲裁规则的制定。

条文注释

本条是2025年《仲裁法》修订新增条款，明确国家支持仲裁国际交流合作。支持仲裁机构“走出去”，有助于为发展完善国际商事争端多元化解机制提供中国标准和方案。

第二章　仲裁机构、仲裁员和仲裁协会

第十三条　【仲裁机构的设立】仲裁机构可以在直辖市和省、自治区人民政府所在地的市设立，也可以根据需要在其他设区的市设立，不按行政区划层层设立。

仲裁机构由前款规定的市的人民政府组织有关部门和商会统一组建，属于公益性非营利法人。

条文注释

仲裁机构是根据法定条件和程序组成的，依当事人之间所达成的仲裁协议受理并裁决法定范围内的民商或经济争议的常设性仲裁机构。本条明确仲裁机构的法律性质为公益性非营利法人。在2025年《仲裁法》修订之前，仲裁机构的性质问题是仲裁机构乃至仲裁事业发展的基础问题。2025年《仲裁法》修订将仲裁机构明确为“公益性非营利法人”，确立了仲裁机构的独立法人地位，对减少行政机关对仲裁机构的干预、确保仲裁独立性具有一定积极意义，也实现了《仲裁法》与《民法典》中的法人基本制度的有效衔接。

第十四条 【登记、备案机关】依据本法第十三条设立的仲裁机构，应当经省、自治区、直辖市人民政府司法行政部门登记。

经国务院批准由中国国际商会组织设立的仲裁机构向国务院司法行政部门备案。

仲裁机构登记管理的具体办法由国务院制定。

条文注释

本条明确了不同类型仲裁机构设立的登记或备案机关。

依据《仲裁法》第 13 条设立的仲裁机构的登记机关是省、自治区、直辖市人民政府的司法行政部门。仲裁机构可以在直辖市和省、自治区人民政府所在地的市设立，也可以根据需要在其他设区的市设立，不按行政区划层层设立。设立仲裁机构，应当向登记机关办理设立登记；未经设立登记的，仲裁裁决不具有法律效力。

经国务院批准由中国国际商会组织设立的仲裁机构的备案机关是国务院司法行政部门。

第十五条 【仲裁机构的设立条件】仲裁机构应当具备下列条件：

（一）有自己的名称、住所和章程；

（二）有必要的财产；

（三）有符合本法规定的组成人员；

（四）有聘任的仲裁员。

仲裁机构的章程应当依照本法制定。

条文注释

本条明确了仲裁机构设立的条件。

仲裁机构作为社团法人，其设立应符合社团法人成立的一般条件，即具有自己的名称、组织机构、住所、必要财产或经费以及相应的组成人员。除此之外，仲裁机构的设立还需具备特殊条件，即具备聘任的在册仲裁员，以发挥其专业解决商事争议的作用。

第十六条 【仲裁机构变更登记】仲裁机构变更名称、住所、章程、法定代表人、组成人员的，应当提出申请，依法办理变更登记。

条文注释

本条为2025年《仲裁法》修订新增条款，明确了仲裁机构名称、住所、章程、法定代表人、组成人员等事项发生变更的，应当申请办理变更登记。

第十七条 【仲裁机构注销登记】仲裁机构终止的，依法办理注销登记。

条文注释

本条为2025年《仲裁法》修订新增条款，明确了仲裁机构终止的，应办理注销登记。

第十八条 【仲裁机构的组成人员】仲裁机构的组成人员包括主任一人、副主任二至四人和委员七至十一人。

仲裁机构的组成人员由法律、经济贸易、科学技术专家和有实际工作经验的人员担任。仲裁机构的组成人员中，法律、经济贸易、科学技术专家不得少于三分之二。

仲裁机构的组成人员每届任期五年，任期届满的应当依法换届，更换不少于三分之一的组成人员。

条文注释

本条规定了仲裁机构的组成人员和组成人员的任期及换届要求，新增科学技术专家可以担任仲裁机构的组成人员的规定。

仲裁机构的组成人员，可以是仲裁员，也可以不是仲裁员。其中，专职组成人员1～2人，其他组成人员均为兼职。仲裁机构设秘书长1人。秘书长可以由专职组成人员兼任。

第十九条　【仲裁机构的内部管理制度】仲裁机构应当依照法律法规和章程规定，建立健全内部治理结构，明确决策、执行、监督等方面的职责权限和程序。

仲裁机构应当建立健全民主议事、人员管理、收费与财务管理、文件管理、投诉处理等制度。

仲裁机构应当加强对组成人员、工作人员及仲裁员的监督，对其在仲裁活动中的违法违纪行为及时依法调查处理；需要追究法律责任的，及时移送有关机关予以处理。

条文注释

本条为2025年《仲裁法》修订新增条款。

第二十条　【仲裁机构信息公开制度】仲裁机构应当建立信息公开制度，及时向社会公开章程、登记备案、仲裁规则、仲裁员名册、服务流程、收费标准、年度业务报告和财务报告等信息，主动接受社会监督。

条文注释

本条为2025年《仲裁法》修订新增条款，明确要求仲裁机构应当建立信息公开制度，以便主动接受社会监督，提高仲裁机构和仲裁员的透明度。

第二十一条　【仲裁员的品德条件】仲裁机构聘任的仲裁员应当公道正派，具备良好的专业素质，勤勉尽责，清正廉明，恪守职业道德。

条文注释

本条进一步明确了仲裁员的品德条件。良好的道德修养和品质，是仲裁员应当具备的最基本素质。仲裁员是行使仲裁权的主体，仲裁员是否公正、是否具有专业素养、是否勤勉尽责、是否清正廉明、是否恪守职业道德，都直接关系仲裁程序和裁决结果能否正当、公平和公正。

第二十二条　【仲裁员的任职条件】仲裁员应当符合下列条件之一：

（一）通过国家统一法律职业资格考试取得法律职业资格，从事仲裁工作满八年的；

（二）律师执业满八年的；

（三）曾任法官、检察官满八年的；

（四）从事法律研究、教学工作并具有高级职称的；

（五）具有法律知识，从事法律、经济贸易、海事海商、科学技术等专业工作，并具有高级职称或者具有同等专业水平的。

《中华人民共和国监察官法》、《中华人民共和国法官法》、《中华人民共和国检察官法》等法律规定有关公职人员不得兼任仲裁员的，依照其规定；其他公职人员兼任仲裁员的，应当遵守有关规定。

仲裁机构可以从具有法律、经济贸易、海事海商、科学技术等专门知识的境外人士中聘任仲裁员。

条文注释

本条规定了仲裁员任职的条件。仲裁员是组成仲裁庭的基本单位，是仲裁庭不可分割的组成部分，仲裁员的资格直接关系仲裁庭的组成是否有效，是否具备行使仲裁权的资格。《仲裁法》对仲裁员资格的规定严格而详细，为实现仲裁的公正性、效益性提供了保障。

2025年《仲裁法》修订扩大了仲裁员的选任范围，将检察官、具有科学技术知识的人员，以及具有相关专门知识的境外人士作为仲裁员来源,增强了仲裁员队伍的独立性、多样性和专业性。本条新增公职人员兼任仲裁员的具体规定,明确指出《监察官法》《法官法》《检察官法》等法律规定有关公职人员不得兼任仲裁员的,应从其规定,保障《仲裁法》与其他法律之间的协调统一。

关联法规

《仲裁法》第9条

第二十三条 【仲裁员名册与仲裁员除名制度】仲裁机构按照不同专业设仲裁员名册。

仲裁员有被开除公职、吊销律师执业证书或者被撤销高级职称等不再具备担任仲裁员条件情形的,仲裁机构应当将其除名。

条文注释

本条新增仲裁员的失格除名制度。

第二十四条 【仲裁机构与行政机关以及仲裁机构之间的关系】仲裁机构独立于行政机关,与行政机关没有隶属关系。

仲裁机构之间没有隶属关系。

条文注释

本条是仲裁机构独立性的具体体现。仲裁机构与行政机构没有隶属关系,其行使权利不受任何机关、团体和个人的干涉,只根据法律和当事人的授权受理仲裁案件,并为仲裁程序的进行,以及公正、迅速地解决当事人之间的纠纷提供管理和服务;同时,各仲裁机构之间没有隶属关系,所有依法成立的仲裁机构都独立地行使自己的权力,履行自己的职责。

关联法规

《仲裁法》第9条

第二十五条　【中国仲裁协会】中国仲裁协会是社会团体法人。仲裁机构是中国仲裁协会的会员。中国仲裁协会的章程由全国会员大会制定。

中国仲裁协会是仲裁机构的自律性组织，根据章程对仲裁机构及其组成人员、工作人员，以及仲裁员在仲裁活动中的行为进行监督。

中国仲裁协会依照本法和《中华人民共和国民事诉讼法》的有关规定制定示范仲裁规则。

条文注释

本条规定了中国仲裁协会的性质和功能。

2022 年 10 月 14 日，中国仲裁协会在民政部正式登记成立，社会组织类型为“社会团体”，业务主管部门是司法部，业务范围包括规则制定、自律监督、信用建设、会员服务、业务培训、理论研究、交流合作、宣传推广。其成立标志着中国仲裁行业自律管理体系的建立，旨在提升中国仲裁公信力和国际影响力。

中国仲裁协会与仲裁机构的关系主要体现在以下几个方面：

(1) 从组织关系上看，仲裁协会是以仲裁机构和仲裁员为成员的自律性行业管理机构，仲裁机构是仲裁协会的成员。仲裁协会应当保障仲裁机构的行业利益，促进仲裁机构的发展。仲裁机构应当自觉遵守协会制定的各项章程和纪律，履行其应当尽到的责任和义务。

(2) 从职能上看，仲裁协会和仲裁机构是监督与被监督的关系。监督与被监督的关系，并不意味着上下级关系，而是行业内部组织体与其成员之间的监督和被监督的关系。仲裁协会在为其会员提供服务的同时，有权对仲裁机构及其组成人员的违纪行为进行监督，这是由仲裁协会的性质决定的。仲裁机构作为仲裁协会的成员，应当接受仲裁协会的监督，并及时纠正自己的违纪行为。

(3) 从业务上看，仲裁协会和仲裁机构有自己的业务范围，各司其职，互不干涉。尽管仲裁协会对仲裁机构及其组成人员具有监督权，但监督权仅限于仲裁机构及其组成人员的违纪行为，仲裁协会不得对仲裁机构的仲裁业务进行干涉，不得对仲裁机构具体仲裁程序的事务管理权进行干涉。

关联法规

《仲裁法》第9条

第二十六条　【司法行政监督】国务院司法行政部门依法指导、监督全国仲裁工作，完善相关工作制度，统筹规划仲裁事业发展。

省、自治区、直辖市人民政府司法行政部门依法指导、监督本行政区域内仲裁工作。

条文注释

本条为2025年《仲裁法》修订新增条款，确立了各级司法行政部门对仲裁工作的指导、监督职责。在我国各地仲裁事业发展不均衡的情况下，为解决中小仲裁机构管理混乱、仲裁员能力不足、虚假仲裁等问题，《仲裁法》修订中引入外部行政监督有一定的必要性。

关联法规

《仲裁法》第9条

第三章　仲裁协议

第二十七条　【仲裁协议的形式和内容】仲裁协议包括合同中订立的仲裁条款和以其他书面方式在纠纷发生前或者纠纷发生后达成的请求仲裁的协议。

仲裁协议应当具有下列内容：

（一）请求仲裁的意思表示；

（二）仲裁事项；

（三）选定的仲裁机构。

一方当事人在申请仲裁时主张有仲裁协议，另一方当事人在首次开庭前不予否认的，经仲裁庭提示并记录，视为当事人之间存在仲裁协议。

条文注释

本条规定了仲裁协议构成要件，并明确了默示达成仲裁协议的规则。

仲裁协议，是指双方当事人之间达成的将他们之间已经发生或将来可能发生的实体权利义务争议，提请仲裁机构仲裁解决的书面意思表示，也是授予仲裁机构对仲裁案件的仲裁权，并排除法院司法管辖权的法律依据。如果没有这种表示双方共同意愿的仲裁协议，仅凭当事人单方面的意愿是无法将争议提交仲裁的。当事人双方不仅要在仲裁协议中明确记载将特定争议提交仲裁解决的共同意思表示，还要协商选择特定的仲裁机构。如果没有体现双方当事人共同授权的要求特定仲裁机构解决纠纷的仲裁协议，任何仲裁机构都无权受理任何一方仅凭自己单方面的意愿提交仲裁的纠纷案件。所以，仲裁协议是仲裁制度的灵魂。

仲裁协议的形式构成要件，除了常见的合同中的仲裁条款，“其他书面形式”的仲裁协议，包括以合同书、信件和数据电文（包括电报、电传、传真、电子数据交换和电子邮件）等形式达成的请求仲裁的协议，以及当事人以援引等其他方式达成的仲裁协议。同时，2025年《仲裁法》修订在第27条第3款，从制度层面肯定了当事人可以通过默示方式达成仲裁协议。

仲裁协议的实质要件，主要涉及的是仲裁协议的内容。《仲裁法》第27条规定的仲裁协议应当具备三项基本内容：请求仲裁的意思表示、仲裁事项和选定的仲裁机构。此外，仲裁协议中有关仲裁规则和仲裁地的约定也可能影响仲裁协议的效力。

1. 请求仲裁的意思表示。仲裁是当事人协议选择的一种纠纷解决方式，因此当事人必须将该意思表示在仲裁协议中体现出来。请求仲裁的意思表示应当满足以下三个条件：(1)以仲裁方式解决纠纷，必须是双方当事人共同的意思表示，而不是一方当事人的意思表示。(2)必须是双方当事人在协商一致基础上的真实意思表示，即当事人签订仲裁协议的行为是其内心的真实意愿，而不是在外界影响或强制下所表现出来的虚假意思。(3)必须是双方当事人自己的意思表示，而不是任何其他人的意思表示。

2. 仲裁事项。仲裁事项，是指当事人在仲裁协议中约定的、通过仲裁解决的具体事项。它直接决定了仲裁机构管辖权的范围，仲裁机构只能在仲裁协议约定的仲裁事项范围内进行裁决。仲裁协议中订立的仲裁事项，必须符合以下两个条件：(1)争议事项具有可仲裁性；(2)仲裁事项的明确性。根据《仲裁法》第29条的规定，仲裁协议对仲裁事项没有约定或者约定不明确的，并非自然无效，当事人可以签订补充协议；达不成补充协议的，仲裁协议无效。

3. 选定的仲裁机构。仲裁协议约定的仲裁机构名称不准确，但能够确定具体的仲裁机构的，应当认定选定了仲裁机构。仲裁协议仅约定纠纷适用的仲裁规则的，视为未约定仲裁机构，但当事人达成补充协议或者按照约定的仲裁规则能够确定仲裁机构的除外。仲裁协议约定两个以上仲裁机构的，当事人可以协议选择其中的一个仲裁机构申请仲裁；当事人不能就仲裁机构选择达成一致的，仲裁协议无效。仲裁协议约定由某地的仲裁机构仲裁且该地仅有一个仲裁机构的，该仲裁机构视为约定的仲裁机构。该地有两个以上仲裁机构的，当事人可以协议选择其中的一个仲裁机构申请仲裁；当事人不能就仲裁机构选择达成一致的，仲裁协议无效。

典型案例

1. 最高人民法院仲裁司法审查典型案例：孙某、南京孙飞科技咨询有限公司与鹰潭余江区升恪贸易有限公司申请撤销仲裁裁决案[南宁铁路运输中级法院(2022)桂71民特21号]

典型意义：随着网络经济的发展，网络贷款纠纷频发，仲裁以其便捷、高效、保密的优势成为网贷平台公司青睐的争议解决方式。本案明确了未经合同相对人签字确认或明确表示同意的，“印章”及“手写”等形式仲裁条款无效。本案的审理有效提醒仲裁机构把好“入口关”，对于网络贷款纠纷仲裁案件，在合同约定的争议解决方式发生变更的情况下，仲裁机构有义务审慎识别合同相对方是否具有将纠纷提交仲裁解决的合意，以保障仲裁裁决的可执行性。

2. 最高人民法院仲裁司法审查典型案例：中国泛海控股集团有限公司与郭某申请确认仲裁协议效力案［北京金融法院(2022)京74民特13号］

典型意义：本案系主从合同中仲裁条款扩张效力认定的典型案例。当事人意思自治是仲裁协议的基石。人民法院充分尊重当事人的仲裁意愿，根据主从合同的关系、仲裁的特殊性、仲裁条款的要式性等，在从合同没有仲裁条款的情况下，认定主合同的仲裁条款对从合同不具有约束力。本案为规范仲裁条款效力的扩张提供了有益的类案指引。

3. 入库案例：周某阳与何某芷申请确认仲裁协议效力案［广东省广州市中级人民法院(2021)粤01民特28号］

裁判要旨：合同中约定争议解决方式为“交由当地仲裁委员会仲裁”的，对于“当地仲裁委员会”是否为约定明确的仲裁机构，应当结合案件具体情况进行判断。如果双方当事人的住所地、合同履行地及合同签订地均明确指向为同一地点，且该地仅有一个仲裁机构的，应当认定当事人约定了明确的仲裁机构，该仲裁协议有效。

关联法规

《仲裁法》第3条、第4条、第6条；《最高人民法院关于适用〈中华人民共和国仲裁法〉若干问题的解释》第1～6条、第11条、第13条

第二十八条　【仲裁协议无效的情形】有下列情形之一的，仲裁协议无效：

（一）约定的仲裁事项超出法律规定的仲裁范围；

（二）无民事行为能力人或者限制民事行为能力人订立的仲裁协议；

（三）一方采取胁迫手段，迫使对方订立仲裁协议。

条文注释

本条是关于仲裁协议无效条件的规定。本条规定仲裁协议无效的三项主要事由，分别从仲裁事项合法性、仲裁当事人行为能力、仲裁意思表示胁迫内容三个方面建立无效审查规则。具体而言包括以下几点：

1. 约定的仲裁事项超出法律规定的仲裁范围。当事人提交仲裁的事项是受法律限制的，只有平等主体的自然人、法人和非法人组织之间发生的合同纠纷或其他财产权益纠纷才可以提交仲裁。

2. 无民事行为能力人或限制民事行为能力人订立的仲裁协议。将争议提交仲裁是当事人对自己的仲裁程序权利和实体权利的处置，而仲裁协议本身也是一种合同，因此，当事人必须具有完全民事行为能力。无民事行为能力人或限制民事行为能力人必须由其法定代理人代为签订或有其明确授权，否则，仲裁协议无效。

3. 一方采取胁迫手段，迫使对方订立仲裁协议。仲裁条款作为合同的一个条款或一种形式，与合同一样，将意思表示真实视为最重要的原则。仲裁协议必须是当事人真实意思的表示，任何一方用暴力或其他手段胁迫对方签订仲裁协议的，仲裁协议无效。此外，任何一方采用欺诈手段致使对方签订仲裁协议，仲裁协议也是无效的。

此外，“或裁或诉”条款中的仲裁协议无效。根据《最高人民法院关于适用〈中华人民共和国仲裁法〉若干问题的解释》第 7 条的规定，当事人约定争议可以向仲裁机构申请仲裁也可以向人民法院起诉的，仲裁协议无效。

典型案例

1. 入库案例：郭某某申请撤销仲裁裁决纠纷案［广东省广州市中级人民法院(2022)粤 01 民特 1101 号］

裁判要旨：

（1）参与仲裁活动的主体应当具备完全的民事行为能力，被申请人是限制民事行为能力人时，应当通知其监护人参加仲裁。在未有效通知监护人参加仲裁时，申请撤销仲裁裁决的期限应当自监护人知道或应当知道仲裁裁决之日起计算6个月。

（2）限制民事行为能力人申请撤销仲裁裁决的司法审查案件，首先要确定申请人是否为限制民事行为能力人；其次要依法审查认定仲裁协议或仲裁条款的效力。限制民事行为能力人以仲裁协议无效为由申请撤销仲裁裁决，人民法院经审查属实的，依法予以支持。

2. 入库案例：青岛某源热能设备有限公司诉陕西某光锅炉销售有限公司买卖合同纠纷案［山东省青岛市中级人民法院（2023）鲁02民辖终472号］

裁判要旨：合同约定"或裁或诉"条款，仲裁协议被确认无效的，诉讼管辖约定的效力应当单独予以认定。诉讼管辖约定符合《民事诉讼法》第35条规定的，应当认定有效。

3. 入库案例：官某彬诉魏某强确认仲裁协议效力案［广东省深圳市中级人民法院（2020）粤03民特885号］

裁判要旨：根据《最高人民法院关于适用〈中华人民共和国仲裁法〉若干问题的解释》相关规定，"或裁或诉"条款因当事人提交仲裁的意思表示不明，应为无效。至于约定"先裁后诉"的争议解决条款，虽然关于"仲裁不成的依法向当地人民法院起诉"的约定无效，但不影响将争议提交仲裁的约定的效力。

关联法规

《民法典》第17～24条、第147～151条；《最高人民法院关于适用〈中华人民共和国仲裁法〉若干问题的解释》

第二十九条　【对瑕疵仲裁协议的处理】仲裁协议对仲裁事项或者仲裁机构没有约定或者约定不明确的，当事人可以补充协议；达不成补充协议的，仲裁协议无效。

条文注释

本条规定的是瑕疵仲裁协议的处理，这类仲裁协议是指不具备成立的特别要件而无法履行的仲裁协议。与不可补救的无效仲裁协议不同，对于这类仲裁协议，双方有仲裁的意愿，只是内容有所欠缺，这种意愿也应当受到尊重而不能轻易否定，尊重的具体表现就是允许当事人补救。协议没有约定仲裁事项或仲裁机构，只是欠缺履行性，并未构成实质性违法。因此，当事人可就"仲裁什么"和"在什么地方仲裁"等事项达成补充协议；未能达成补充协议，仲裁协议即为无效。

典型案例

1. 入库案例：黄某诉某房地产开发有限公司商品房预约合同纠纷案［广东省云浮市中级人民法院(2022)粤53民终1716号］

裁判要旨：对于仲裁协议而言，能够确定具体的仲裁机构是有效仲裁协议的必备要件。当事人在合同中约定发生纠纷时提交某地仲裁委员会仲裁，但签订仲裁协议时该仲裁委员会尚未核准登记并依法执业，且至起诉时，仲裁委员会仍没有正式对外开展业务，此种情形下，虽然可以认定签订仲裁协议时当事人双方有请求仲裁的意思表示，但约定的仲裁机构实际上尚不存在，仲裁协议实际并未选定具体明确的仲裁机构，属于仲裁协议对仲裁委员会没有约定或者约定不明确。如当事人达不成补充协议，人民法院可以认定仲裁协议无效；一方当事人向人民法院起诉的，人民法院应予受理。

2. 入库案例：陕西某产业投资有限公司与张某申请确认仲裁协议效力案［陕西省宝鸡市中级人民法院(2023)陕03民特5号］

裁判要旨：因对仲裁规则不清楚，当事人约定了实际并不存在的县区仲裁委员会。若当事人对选择仲裁方式解决争议的意思表示真实，且县区所在的地市有唯一确定的仲裁机构，可以认定当事人已选定仲裁机构，该仲裁协议有效。

关联法规

《最高人民法院关于适用〈中华人民共和国仲裁法〉若干问题的解释》第3～7条

第三十条　【仲裁协议的独立性】仲裁协议独立存在。合同是否成立及其变更、不生效、终止、被撤销或者无效，不影响已经达成的仲裁协议的效力。

仲裁庭有权确认合同的效力。

条文注释

本条是关于仲裁协议独立性的规定，2025 年修订进一步明确合同未成立、不生效、被撤销均不影响仲裁协议效力。

仲裁协议的独立性，又称仲裁协议的可分性或仲裁协议的自治性，是指仲裁协议独立于其所针对或附着的基础合同。仲裁协议不论是作为合同的一个主要条款写入合同，还是合同订立后又补充或重新达成的仲裁协议，对合同实体而言，都是一个独立于合同实体而存在的程序性合同，是双方当事人关于纠纷解决方式的约定。合同是否成立及其变更、不生效、终止、被撤销或者无效，不等于原合同债权、债务随之消灭，其纠纷仍依原仲裁协议解决。《民法典》第 156 条规定，民事法律行为部分无效，不影响其他部分效力的，其他部分仍然有效。

典型案例

1. 指导性案例 196 号：运裕有限公司与深圳市中苑城商业投资控股有限公司申请确认仲裁协议效力案［最高人民法院（2019）最高法民特 1 号］

裁判要旨：

（1）当事人以仲裁条款未成立为由请求确认仲裁协议不存在的，人民法院应当按照申请确认仲裁协议效力案件予以审查。

（2）仲裁条款独立存在，其成立、效力与合同其他条款是独立的、可分的。当事人在订立合同时对仲裁条款进行磋商并就提交仲裁达成合意的，合同成立与否不影响仲裁条款的成立、效力。

2. 入库案例：宁波某医药生物科技发展有限公司、田某、李某、宁波保税区某管理咨询合伙企业（有限合伙）申请确认仲裁协议效力

案[上海市第二中级人民法院(2023)沪02民特465号]

裁判要旨：根据仲裁协议独立性原则,仲裁条款的成立可以独立于合同的成立。一方当事人虽未实际签署包含仲裁条款的合同,但根据磋商合同内容的过程以及发布上市公司公告披露合同主要要素与仲裁条款的行为,应当视为双方具有将争议提交仲裁管辖的一致意思表示,合同成立与否不影响有关解决争议的仲裁条款的效力。

关联法规

《最高人民法院关于适用〈中华人民共和国仲裁法〉若干问题的解释》第8~11条

第三十一条　【对仲裁协议的异议】当事人对仲裁协议的效力有异议的,可以请求仲裁机构或者仲裁庭作出决定,也可以请求人民法院作出裁定。一方请求仲裁机构或者仲裁庭作出决定,另一方请求人民法院作出裁定的,由人民法院裁定。

当事人对仲裁协议的效力有异议,应当在仲裁庭首次开庭前提出。

条文注释

本条明确了仲裁协议效力的确认机构和提出异议的时间。

当事人对仲裁协议效力提出异议,应当符合以下条件:(1)由当事人自己或其代理人提出异议。仲裁协议事关当事人对诉权的处理,其效力牵涉当事人重大利益,故异议必须由当事人自己提出。除此之外,案外人、仲裁机构等都不能对仲裁协议提出异议。(2)当事人须向仲裁机构、仲裁庭或人民法院提出。(3)异议应在仲裁庭首次开庭前提出。根据《最高人民法院关于适用〈中华人民共和国仲裁法〉若干问题的解释》的规定,当事人在仲裁庭首次开庭前没有对仲裁协议的效力提出异议,而后向人民法院申请确认仲裁协议无效的,人民法院不予受理。仲裁机构对仲裁协议的效力作出决定后,当事人向人民法院申请确认仲裁协议效力或者申请撤销仲裁机构的决定的,人民法院不予受理。

申请确认仲裁协议效力案件，可以按照以下步骤确定管辖法院：第一，确定案件的地域管辖。即申请确认仲裁协议效力案件可以由仲裁协议约定的仲裁机构所在地、仲裁协议签订地、申请人住所地、被申请人住所地的法院管辖。第二，确定案件的级别管辖或专门人民法院管辖。即申请确认仲裁协议效力案件主要由中级人民法院管辖；特殊案件由专门人民法院管辖，例如：(1)涉及海事海商纠纷，由海事法院管辖；(2)涉及金融民商事纠纷，由金融法院管辖。人民法院审理仲裁协议效力确认案件，应当组成合议庭进行审查，并询问当事人。

典型案例

1. 指导性案例197号：深圳市实正共盈投资控股有限公司与深圳市交通运输局申请确认仲裁协议效力案［广东省高级人民法院(2020)粤民终2212号］

裁判要旨：当事人未在仲裁庭首次开庭前对仲裁协议的效力提出异议的，应当认定当事人接受仲裁庭对案件的管辖权。虽然案件重新进入仲裁程序，但仍是对同一纠纷进行的仲裁程序，当事人在重新仲裁开庭前对仲裁协议效力提出异议的，不属于《仲裁法》第20条第2款(现为《仲裁法》第31条第2款)规定的“在仲裁庭首次开庭前提出”的情形。

2. 入库案例：广东某商务服务有限公司、杨某申请确认仲裁协议效力纠纷案［广东省广州市中级人民法院(2021)粤01民特473号］

裁判要旨：当事人对仲裁协议效力提出异议，是人民法院或者仲裁委员会启动仲裁协议效力审查的前提。在各方当事人均未对仲裁协议效力提出异议的情况下，仲裁委员会径行就仲裁协议效力作出决定，并不影响当事人就仲裁协议效力请求人民法院依法审查作出裁定。

关联法规

《最高人民法院关于适用〈中华人民共和国仲裁法〉若干问题的解释》第12~16条；《最高人民法院关于审理仲裁司法审查案件若干问题的规定》第2条、第5条、第13~15条

第四章 仲裁程序

第一节 申请和受理

第三十二条 【申请仲裁的条件】当事人申请仲裁应当符合下列条件：

（一）有仲裁协议；

（二）有具体的仲裁请求和事实、理由；

（三）属于仲裁机构的受理范围。

条文注释

本条明确了当事人申请仲裁应当符合的条件。

申请仲裁是仲裁程序开始的必要条件之一，也是启动仲裁程序的第一步。《中国国际经济贸易仲裁委员会仲裁规则（2024 版）》第11 条规定："仲裁程序自仲裁委员会仲裁院收到仲裁申请书之日起开始。申请人向仲裁委员会书面提交仲裁申请及/或通过仲裁委员会网上立案系统申请仲裁的，仲裁程序开始于最先收到的日期。"

当事人申请仲裁，必须满足下列条件：第一，存在有效的仲裁协议。仲裁机构的仲裁管辖权来自当事人有效的仲裁协议。没有有效的仲裁协议，当事人的仲裁合意就无法体现，也就不能要求以仲裁方式解决纠纷。第二，有具体的仲裁请求和事实、理由。当事人申请仲裁是为了通过仲裁方式主张自己的权利，维护自己的合法权益。因此，必须向仲裁庭提出所请求保护和支持的具体请求，以及支持这些请求的事实和理由。第三，属于仲裁机构的受理范围，包括属于仲裁机构主管和管辖两层意思：其一，当事人申请仲裁的争议是双方当事人约定可以提请仲裁机构仲裁的争议，同时，必须属于仲裁法允许仲裁机构主管范围的争议；其二，该受申请的仲裁机构是当事人协议选定的仲裁机构，未约定仲裁机构或者无法确定仲裁机构的，除非双方当事人达成补充协议，否则当事人申请仲裁的仲裁机构无权仲裁。

典型案例

入库案例：惠州某农业开发有限公司申请撤销仲裁裁决案［广东省惠州市中级人民法院(2022)粤13民特224号］

裁判要旨：主债务合同约定了仲裁条款，其后针对主债务合同达成的补充协议与主债务密切相关，不可分割，亦不能独立存在。主债务合同中约定的仲裁条款适用于补充协议，除非该补充协议对主债务合同的仲裁条款进行了明确的变更或者排除适用。

关联法规

《仲裁法》第3条、第34条、第35条

第三十三条　【申请仲裁的方式】当事人申请仲裁，应当向仲裁机构递交仲裁协议、仲裁申请书及副本。

条文注释

根据《仲裁法》的规定，当事人申请仲裁只能采用书面形式。口头申请仲裁不符合仲裁受理条件。申请仲裁应提交以下文件：

1. 仲裁协议。包括约定有效仲裁条款的合同或书面仲裁协议。

2. 仲裁申请书及其副本。仲裁申请书一般一式若干份，可视被申请人人数或者根据仲裁机构的要求确定具体份数。

3. 其他文件。除了上述两项文件外，当事人申请仲裁时，还应提交：(1)申请人主体材料。自然人须提供有效期内的身份证复印件或其他身份证明文件(外国籍公民可提供护照)；法人或其他组织须提供营业执照复印件/企事业证照(外国籍公司、法人组织可提供注册登记文件)。(2)代理人参加仲裁的，应有书面授权委托书及有效证件。(3)原始合同文本及有关证据材料。(4)其他需要提供的有关材料。除此之外，当事人还应按规定交纳仲裁案件受理费及其他有关费用。

关联法规

《仲裁法》第34条

第三十四条　【仲裁申请书的内容】仲裁申请书应当载明下列事项：

（一）当事人的姓名、性别、年龄、职业、工作单位、住所、联系方式，法人或者非法人组织的名称、住所和法定代表人或者主要负责人的姓名、职务、联系方式；

（二）仲裁请求和所根据的事实与理由；

（三）证据和证据来源，证人姓名和住所。

条文注释

仲裁申请书，是指仲裁申请人根据仲裁协议将已经发生的争议提请仲裁机构进行审理和裁决，以保护其合法权益的法律文书。仲裁申请书应当载明下列内容：

1. 当事人的基本情况。具体包括申请人和被申请人的姓名、性别、年龄、职业、工作单位和住所，以及邮政编码、电话号码、传真、电子邮箱以及其他可能的快捷联系方式。当事人是法人或者非法人组织的，则应当写明该法人或者非法人组织的名称、住所以及法定代表人或者主要负责人的姓名、职务。申请人由法定代理人代为参加仲裁活动的，可以在申请人下写明法定代理人的姓名、性别、年龄、职业等基本情况；如果申请人委托律师或者其他人参加仲裁活动的，还应当在申请人下写明委托代理人的基本情况。

2. 仲裁请求和所根据的事实与理由。仲裁请求和事实根据及理由，是仲裁申请书最核心的内容，因此对仲裁申请人的具体仲裁请求以及双方当事人之间争执的事实、争议的焦点和理由应当明确、清晰地加以叙述，使仲裁庭能够充分了解申请人请求仲裁庭保护、确认的权利请求和请求仲裁庭裁决的被申请人应当履行的义务。

3. 证据和证据来源，证人姓名和住所。证据是仲裁庭审理案件，确定双方当事人权利义务关系的根据。《仲裁法》第55条规定，当事人应当对自己的主张提供证据。因此，当事人在申请仲裁时必须同时提供证据及证据来源，如果有证人，还应提供证人的姓名和住所。

一份完备的仲裁申请书除具备上述内容外，在仲裁实践中，还要写明选定的申请仲裁的仲裁委员会的全称，申请仲裁的时间，并在右下方写明申请人的姓名，申请人是法人或非法人组织的，要写全称，并另行写明法定代表人或主要负责人的姓名、职务，加盖法人或非法人组织的公章。

关联法规

《仲裁法》第55条

第三十五条　【仲裁申请的审查与受理】仲裁机构收到仲裁申请书之日起五日内，认为符合受理条件的，应当受理，并通知申请人；认为不符合受理条件的，应当书面通知申请人不予受理，并说明理由。

条文注释

审查与受理是仲裁机构的一项重要仲裁活动。当事人向仲裁机构申请仲裁后，仲裁机构要对当事人的申请是否符合申请仲裁的条件进行审查，从而决定是否受理。仲裁机构对仲裁申请的审查，主要从以下两个方面进行：(1)审查当事人申请仲裁是否符合《仲裁法》第32条规定的当事人申请仲裁的条件。即当事人之间是否存在有效的仲裁协议；仲裁申请书中是否有具体的仲裁请求和事实、理由；该仲裁案件是否属于仲裁机构的受理范围。(2)审查仲裁申请书的内容是否完整、明确，申请手续是否齐备。即审查仲裁申请书是否具备《仲裁法》第34条规定的内容，是否向仲裁机构提供了所要求的仲裁申请书及其副本和必要的证据等。

第三十六条　【受理后的准备工作】仲裁机构受理仲裁申请后，应当在仲裁规则规定的期限内将仲裁规则和仲裁员名册送达申请人，并将仲裁申请书副本和仲裁规则、仲裁员名册送达被申请人。

被申请人收到仲裁申请书副本后，应当在仲裁规则规定的期限内向仲裁机构提交答辩书。仲裁机构收到答辩书后，应当在仲裁规则规定的期限内将答辩书副本送达申请人。被申请人未提交答辩书的，不影响仲裁程序的进行。

条文注释

本条是有关仲裁受理后的准备工作的规定。在仲裁程序中，申请人与被申请人均对等享有根据仲裁员名册指定仲裁员及仲裁规则所赋予的其他权利，也负有相应的义务。同时，被申请人享有答辩权，被申请人可以在仲裁规则规定的期间内答辩，也可以不答辩。

第三十七条　【对人民法院的主管异议】当事人达成仲裁协议，一方向人民法院提起诉讼未声明有仲裁协议，人民法院受理后，另一方在首次开庭前提交仲裁协议的，人民法院应当驳回起诉，但仲裁协议无效或者法律另有规定的除外；另一方在首次开庭前未对人民法院受理该案提出异议的，视为放弃仲裁协议，人民法院应当继续审理。

条文注释

根据仲裁基本制度的“或裁或审制度”，当事人既已达成了仲裁协议，选择仲裁方式解决双方当事人之间的纠纷，就意味着他们放弃了通过诉讼途径由人民法院对纠纷案件进行审理的诉讼权利，这是当事人双方合意选择的结果。因此，在一般情况下，当事人达成仲裁协议的，就不能再向人民法院起诉，当事人向人民法院起诉的，人民法院不予受理。

如果双方当事人达成了仲裁协议，一方当事人向人民法院提起诉讼未声明有仲裁协议，或者人民法院未审查到其仲裁协议，人民法院受理的，应当分情况处理：

第一，人民法院在受理案件后，另一方当事人在首次开庭前提交仲裁协议的，人民法院经审查确认仲裁协议有效时，根据《最高人民法院关于适用〈中华人民共和国民事诉讼法〉的解释》第216条的规定，应当裁定驳回起诉。

第二，人民法院在受理案件后，另一方当事人在首次开庭前未对人民法院受理该案提出主管异议，并且应诉答辩的，视为放弃仲裁协议，人民法院具有管辖权，应当继续审理。根据《仲裁法》第37条之规定，"视为放弃仲裁协议"应当符合两个条件：一是虽有仲裁协议或者仲裁条款，但原告向人民法院起诉时未"声明"有仲裁协议或仲裁条款；二是被告在人民法院首次开庭前未对人民法院的主管权提出"异议"。理论上认为上述情况属于仲裁协议的失效。《仲裁法》第37条规定的另一方当事人在首次开庭前未提出异议（主管异议），视为放弃仲裁协议，属于当事人因默示的行为改变纠纷的解决方式，从而使仲裁协议失效。

典型案例

入库案例：青岛某科技公司申请确认仲裁协议效力案［广东省深圳市中级人民法院(2022)粤03民特373号］

裁判要旨：原告向人民法院提起诉讼，被告在答辩期间以存在仲裁协议为由提出管辖权异议，人民法院认定当事人之间存在有效的仲裁协议并裁定驳回起诉。当事人又向人民法院申请确认仲裁协议效力的，人民法院不予受理；已经受理的，裁定驳回申请。

关联法规

《民事诉讼法》第127条、第130条；《最高人民法院关于适用〈中华人民共和国民事诉讼法〉的解释》第216条；《最高人民法院关于适用〈中华人民共和国仲裁法〉若干问题的解释》第13条、第14条

第三十八条 【仲裁请求的放弃、变更、承认、反驳以及反请求】申请人可以放弃或者变更仲裁请求。被申请人可以承认或者反驳仲裁请求,有权提出反请求。

条文注释

仲裁请求,是指当事人向仲裁庭提出的,通过仲裁程序予以确认和保护的实体权益请求。放弃仲裁请求,是指申请人根据处分权原则,向仲裁机构提出的不再要求继续原仲裁请求的行为。实践中,申请人放弃仲裁请求常以撤回仲裁申请的方式进行。变更仲裁请求,是指申请人在案件受理后基于案件情况发生的变化,或者对纠纷有了新的认识而向仲裁机构提出的全部或部分更改仲裁请求的行为。承认仲裁请求,是指被申请人表示认可申请人启动的仲裁程序,或者愿意接受申请人提出的实体权利的要求。反驳仲裁请求,是指被申请人为了维护自己的合法权益,而提出理由和证据来对抗申请人仲裁请求的一种法律手段。

仲裁反请求,是指在仲裁程序中,仲裁的被申请人为保护其合法权益所提出的,与仲裁申请人仲裁请求有牵连的,旨在吞并或抵消该仲裁请求的独立请求。仲裁被申请人既可以在对仲裁请求的答辩中提出仲裁反请求,也可以单独提出仲裁反请求。但是,仲裁反请求的提出必须满足以下条件:(1)仲裁反请求只能由仲裁被申请人向仲裁申请人提出。(2)仲裁反请求必须向受理仲裁申请的同一个仲裁机构提出,而不能向其他的仲裁机构提出。(3)仲裁反请求必须在仲裁机构受理仲裁案件后,仲裁规则规定的时间截止前提出。(4)仲裁反请求与仲裁请求在请求的标的和理由方面应当具有牵连性。

第三十九条 【仲裁保全】一方当事人因另一方当事人的行为或者其他原因,可能使裁决难以执行或者造成当事人其他损害的,可以申请财产保全、请求责令另一方当事人作出一定行为或者禁止其作出一定行为。当事人申请保全的，仲裁机构应当将当事人的申请依照《中华人民共和国民事诉讼法》的有关规定提交人民法院，人民法院应当依法及时处理。

因情况紧急，仲裁协议的当事人可以在申请仲裁前依照《中华人民共和国民事诉讼法》的有关规定向人民法院申请财产保全、请求责令另一方当事人作出一定行为或者禁止其作出一定行为。当事人申请保全的，人民法院应当依法及时处理。

申请有错误的，申请人应当赔偿被申请人因保全所遭受的损失。

条文注释

2025 年《仲裁法》修订确立了仲裁程序中的行为保全规则，使仲裁的保全规则与民事诉讼保持一致。

仲裁保全，是指在仲裁程序中所适用的保全制度。根据《仲裁法》和《民事诉讼法》的相关规定，仲裁保全包括财产保全、行为保全和证据保全。仲裁过程中申请保全的，应当通过仲裁机构向人民法院提交申请书及仲裁案件受理通知书等相关材料。

在国内仲裁过程中，当事人申请财产保全，经仲裁机构提交人民法院的，由被申请人住所地或被申请保全的财产所在地的基层人民法院裁定并执行；申请证据保全的，由证据所在地的基层人民法院裁定并执行。在涉外仲裁过程中，当事人申请财产保全，经仲裁机构提交人民法院的，由被申请人住所地或被申请保全的财产所在地的中级人民法院裁定并执行；申请证据保全的，由证据所在地的中级人民法院裁定并执行。

关联法规

《民事诉讼法》第 103 ~ 108 条；《最高人民法院关于适用〈中华人民共和国民事诉讼法〉的解释》第 152 ~ 168 条；《最高人民法院关于人民法院执行工作若干问题的规定(试行)》第 9 条、第 10 条；《最高人民法院关于人民法院办理财产保全案件若干问题的规定》第 3

条;《最高人民法院关于审查知识产权纠纷行为保全案件适用法律若干问题的规定》第3条、第5条

第四十条 【仲裁代理】当事人、法定代理人可以委托律师和其他代理人进行仲裁活动。委托律师和其他代理人进行仲裁活动的,应当向仲裁机构提交授权委托书。

条文注释

仲裁委托代理人,是指基于当事人、法定代理人、法定代表人的授权委托并在授权范围内,代为进行仲裁活动的人。与《民事诉讼法》第61条明确规定委托诉讼代理人的人数以及担任诉讼代理人的条件不同,《仲裁法》并没有明确限制委托仲裁代理人的人数和条件,可以根据仲裁机构及仲裁规则的具体要求进行授权。

典型案例

入库案例:新星市某游乐场、朱某渊与白某文申请撤销仲裁裁决案[新疆维吾尔自治区哈密市中级人民法院(2023)新22民特6号]

裁判要旨:《仲裁法》与《民事诉讼法》分别对委托仲裁代理人和委托诉讼代理人作出不同规定。《仲裁法》明确规定当事人、法定代理人可以委托律师和其他代理人进行仲裁活动。仲裁委托代理人身份问题应当适用仲裁法的有关规定,不受《民事诉讼法》第61条第2款规定的限制。

关联法规

《民事诉讼法》第60~64条

第四十一条 【仲裁文件的送达方式】仲裁文件应当以当事人约定的合理方式送达;当事人没有约定或者约定不明确的,按照仲裁规则规定的方式送达。

条文注释

本条是2025年《仲裁法》修订新增条款,明确仲裁文件送达方式的基本原则,即当事人有约定的从其约定,未约定或约定不明确

的按仲裁规则确定。

关联法规

《民事诉讼法》第87～95条

第二节　仲裁庭的组成

第四十二条　【仲裁庭的组成形式】仲裁庭可以由三名仲裁员或者一名仲裁员组成。由三名仲裁员组成的，设首席仲裁员。

条文注释

本条是关于仲裁庭的组成形式的规定。

仲裁庭，是指由当事人选定的，或者仲裁机构主任依当事人授权或法律规定指定的仲裁员组成的，对当事人申请仲裁的案件进行审理，并作出仲裁裁决的仲裁组织。仲裁庭的组成形式首先是由法律规定的，但在法律规定的范围内，当事人具有选择权。因此，仲裁庭的组成形式主要表现为法定范围内的当事人约定。

根据本条的规定，仲裁庭的组成形式分为两种，即由一名仲裁员组成的独任仲裁庭和由三名仲裁员组成的合议仲裁庭。其中，合议仲裁庭设立首席仲裁员，首席仲裁员与其他仲裁员拥有同等的权利，但是在裁决不能形成多数意见时，仲裁裁决按照首席仲裁员的意见作出。

合议仲裁庭具有以下特点：一是以集体合议的方式对争议案件进行审理并作出裁决；二是合议仲裁庭中设立首席仲裁员。合议仲裁庭审理和裁决案件，体现了集体的力量，最大限度地保障了审理和裁决的正确性和公正性。对于独任仲裁庭，案件的审理和裁决自始至终由一名仲裁员进行，没有其他仲裁员参与对案件审理和裁决的讨论，因此，独任仲裁员的个人素质，认识、分析和判断问题的能力以及相关业务水平等，往往直接决定了案件审理的质量甚至其公正性。

关联法规

《仲裁法》第66条

第四十三条　【仲裁员的选定】当事人约定由三名仲裁员组成仲裁庭的，应当各自选定或者各自委托仲裁机构主任按照仲裁规则确定的程序指定一名仲裁员；第三名仲裁员由当事人共同选定，也可以由当事人共同委托仲裁机构主任按照仲裁规则确定的程序指定。当事人约定第三名仲裁员由其各自选定的仲裁员共同选定的，从其约定。第三名仲裁员是首席仲裁员。

当事人约定由一名仲裁员成立仲裁庭的，仲裁员由当事人共同选定，也可以由当事人共同委托仲裁机构主任按照仲裁规则确定的程序指定。

条文注释

本条是关于仲裁员选任的规则，2025年《仲裁法》修订新增了关于第三名仲裁员的选定规则。第三名仲裁员不仅可以由当事人共同选定或共同委托仲裁机构主任指定，也可以经双方当事人同意后，由第一名、第二名仲裁员共同选定。

第四十四条　【仲裁庭及仲裁员的指定】当事人没有在仲裁规则规定的期限内约定仲裁庭的组成方式或者选定仲裁员的，由仲裁机构主任按照仲裁规则确定的程序确定或者指定。

条文注释

本条是关于仲裁庭及仲裁员的指定的规定。

实践中，申请人和被申请人有时会基于各种原因，在仲裁规则规定的期限内没有约定仲裁庭的组成方式或者各自选定仲裁员，也没有委托仲裁机构主任指定仲裁员，致使仲裁庭无法及时成立。为防止仲裁程序的拖延，损害当事人的权益，所以规定仲裁机构主任有权根据仲裁规则代当事人确定或者指定仲裁庭的组成方式，并有权指定仲裁员。

第四十五条　【仲裁员的信息披露义务】仲裁员存在可能导致当事人对其独立性、公正性产生合理怀疑情形的，该仲裁员应当及时向仲裁机构书面披露。

仲裁机构应当将仲裁员书面披露情况、仲裁庭的组成情况书面通知当事人。

条文注释

2025年《仲裁法》修订新增仲裁员的信息披露义务。

仲裁员信息披露制度，是指被选定或者被指定的仲裁员应签署声明书，向当事人和仲裁机构书面披露可能引起对其公正性和独立性产生合理怀疑的任何事实或情况的制度。目的在于确保仲裁程序的公平性，防止因仲裁员的偏见或利益冲突而影响裁决结果，以及仲裁裁决的顺利执行。仲裁员所应披露的事项一般包括可能影响公正或可能在程序上造成不公平或偏袒印象的所有现存的或以往的业务往来、亲属关系、雇佣任职关系或其他利害关系。

此前在各地仲裁规则中可散见信息披露相关规则，如《中国国际经济贸易仲裁委员会仲裁规则》第31条、《北京仲裁委员会仲裁规则》第22条。2025年《仲裁法》修订，首次在仲裁程序中确立仲裁员信息披露规则，为仲裁程序的公平公正提供制度保障。

典型案例

最高人民法院仲裁司法审查典型案例：中交第一公路工程局有限公司与天贝投资集团有限公司申请撤销仲裁裁决案［浙江省温州市中级人民法院(2018)浙03民特63号］

典型意义：仲裁员公正、独立行使仲裁权是商事纠纷通过仲裁程序得到有效解决的保障。本案仲裁员未按照仲裁规则充分履行披露义务，在一定程度上影响了当事人回避权利的行使，属于可能影响公正裁决的情形，故人民法院以“仲裁庭的组成或者仲裁的程序违反法定程序”为由撤销仲裁裁决。该案的处理充分体现了人民法院通过仲裁司法审查案件有效监督仲裁，促使仲裁机构重视对仲裁员披露事项的规定，确保仲裁程序公正。

第四十六条　【仲裁员回避的情形】仲裁员有下列情形之一的，必须回避，当事人也有权提出回避申请：

（一）是本案当事人、代理人，或者当事人、代理人的近亲属；

（二）与本案有利害关系；

（三）与本案当事人、代理人有其他关系，可能影响公正仲裁；

（四）私自会见当事人、代理人，或者接受当事人、代理人的请客送礼。

条文注释

本条是关于仲裁员回避情形的规定。

仲裁员回避，是指符合法定回避情形的仲裁员退出仲裁案件审理的一项制度。仲裁员回避的形式包括自行回避和申请回避。无论是由当事人选定的仲裁员，还是由仲裁机构主任指定的仲裁员，符合法定回避情形的，应当自行回避；当事人发现仲裁员有法定回避情形的，也有权提出回避申请。

利害关系，是指案件的裁决结果直接涉及或者间接涉及仲裁员的某种利益。其他关系，是指仲裁员与当事人或仲裁代理人之间除了上述关系以外的其他的社会关系，如邻居关系、朋友关系、同事关系、师生关系、同学关系或个人之间的恩怨关系。不论上述关系是否真正影响仲裁的公正性，只要存在影响公正裁决的可能性时，仲裁员就应当主动披露并回避。

关联法规

《民事诉讼法》第 47 ~ 50 条

第四十七条 【回避申请的提出】当事人提出回避申请，应当说明理由，在首次开庭前提出。回避事由在首次开庭后知道的，可以在最后一次开庭终结前提出。

条文注释

本条明确当事人提出回避申请的时间，一是首次开庭前，二是最后一次开庭终结前。当事人在知悉披露事项后无正当理由未在规定期限内提出回避申请的，应当视为弃权。而对于仲裁员自行回避没有时间上的要求，即仲裁员在整个仲裁程序过程中都可以自行回避。

第四十八条 【回避的决定】仲裁员是否回避，由仲裁机构主任决定；仲裁机构主任担任仲裁员时，其是否回避由仲裁机构的其他组成人员集体决定。

条文注释

本条规定了回避的决定权。对此，不同国家和地区仲裁法有不同规定。根据本条的规定，仲裁机构主任对于回避的决定是终局的。

回避作为一项法律制度和当事人的重要权利，必然要在仲裁程序上引起一定的法律后果，主要体现在以下几个方面：(1)延期开庭审理。无论是在首次开庭前提出，还是在开庭审理中临时提出回避申请，由于对回避申请是否合法需要一定的时间进行审查，故可能会导致延期开庭或者暂时休庭。(2)重新指定仲裁员或选定仲裁员。(3)仲裁程序的重新进行。在重新选定或者指定仲裁员后，仲裁程序是否重新进行，决定权在于仲裁庭。

关联法规

《民事诉讼法》第47～50条

第四十九条　【仲裁员的更换】仲裁员因回避或者其他原因不能履行职责的，应当依照本法规定重新选定或者指定仲裁员。

因回避而重新选定或者指定仲裁员后，当事人可以请求已进行的仲裁程序重新进行，是否准许，由仲裁庭决定；仲裁庭也可以自行决定已进行的仲裁程序是否重新进行。

条文注释

仲裁员更换，是指仲裁员因回避或者其他事由不能履行职责时，由当事人重新选定仲裁员或者由仲裁机构重新指定仲裁员。这里的其他事由通常指的是仲裁员死亡、生病、被除名、成为无民事行为能力人以及拒绝履行职责等情形。

第五十条　【仲裁员的除名】仲裁员有本法第四十六条第四项规定的情形，情节严重的，或者有本法第七十一条第一款第六项规定的情形的，应当依法承担法律责任，仲裁机构应当将其除名。

条文注释

仲裁员私自会见当事人、代理人或者接受当事人、代理人的请客送礼，情节严重的；或在仲裁案件时有索贿受贿、徇私舞弊、枉法裁决行为的，应当依法承担法律责任，仲裁机构应当将其除名。"情节严重"一般是指屡次吃请、受礼、会见当事人或造成恶劣影响的。具有上述两种情形的仲裁员，既要接受被仲裁机构除名的内部纪律处分，同时还要承担相应的民事、行政和刑事法律责任。

关联法规

《仲裁法》第 46 条、第 71 条；《刑法》第 385 条、第 386 条、第 399 条之一

第三节　开庭和裁决

第五十一条　【仲裁审理的方式】仲裁应当开庭进行。当事人协议不开庭的，仲裁庭可以根据仲裁申请书、答辩书以及其他材料作出裁决。

条文注释

仲裁审理的方式可以分为开庭审理和书面审理两种方式。

开庭审理，是指在仲裁庭的主持下，在双方当事人和其他仲裁参与人的参加下，按照法定程序，对案件进行审理并作出裁决的方式。开庭的方式包括线下开庭（仲裁机构现场）和网上开庭（信息网络平台在线）。

书面审理，是指无须双方当事人及其他仲裁参与人到庭参加庭审，仲裁庭根据当事人提供的仲裁申请书、答辩书以及其他书面材料进行审理，作出裁决的过程。书面审理是开庭审理的必要补充。书面审理充分体现了仲裁快捷、经济、高效等特点，如缩短审理周期，节约开庭审理的各种费用，节省仲裁庭和当事人的时间，快速审结案件，从而提高整个仲裁的效率。因此，依据《仲裁法》的规定，各仲裁委员会在其仲裁规则中都规定了书面审理的方式。如《中国国际经济贸易仲裁委员会仲裁规则》第 35 条第 2 项规定："仲裁庭应开庭审理案件，但双方当事人约定并经仲裁庭同意或仲裁庭认为不必开庭审理并征得双方当事人同意的，可以只依据书面文件进行审理。"

在我国的仲裁实践中，书面审理还只是作为开庭审理的一种辅助形式，加之书面审理必须以双方当事人有协议或者同意，且仲裁庭认为不必要开庭为前提，绝大多数案件是通过开庭方式审理的，通常只有争议金额小，案情简单明了，事实清楚的案件，在符合书面审理条件的情况下，才进行书面审理。

第五十二条　【开庭审理的方式】仲裁不公开进行。当事人协议公开的,可以公开进行,但涉及国家秘密、他人的商业秘密或者个人隐私的除外。

条文注释

仲裁开庭审理的方式以不公开审理为原则,以公开审理为例外。

不公开审理,是指仲裁庭在审理案件时不对社会公开,不允许公众旁听,也不允许新闻记者采访和报道。不公开审理的目的在于保守当事人的商业秘密,维护当事人的商业信誉。但当事人因某种目的,如希望仲裁活动公开进行,也可以协议公开进行,当事人协议公开进行的,仲裁庭应当公开进行。但涉及国家秘密、他人的商业秘密或者个人隐私的,则不允许当事人协议公开,必须以不公开审理的方式进行审理。

关联法规

《民事诉讼法》第137条、第138条

第五十三条　【开庭日期的通知与延期开庭】仲裁机构应当在仲裁规则规定的期限内将开庭日期通知双方当事人。当事人有正当理由的,可以在仲裁规则规定的期限内请求延期开庭。是否延期,由仲裁庭决定。

条文注释

开庭通知的法律意义在于向双方当事人通知开庭日期是仲裁程序的重要环节,它有利于切实保障当事人参加仲裁审理的权利,并使双方当事人按时参加仲裁审理。未经开庭通知,不可以对不到庭或者未经仲裁庭许可中途退庭的申请人按撤回仲裁申请处理,也不可以对不到庭或者未经仲裁庭许可中途退庭的被申请人作出缺席裁决。

延期开庭,是指仲裁庭确定开庭审理的日期之后或者在开庭审理的过程中，由于出现法定事由，导致仲裁审理程序无法按期进行时，仲裁庭根据当事人的请求，将仲裁审理延期到另一日期的行为。亲自参与仲裁活动既是当事人的权利，也是仲裁庭进行仲裁活动的必要条件。如果当事人遇有不可预见、不可避免和无法克服的事由，如地震、水灾等自然灾害，临时因身体意外伤害或疾病住院治疗等，导致当事人无法按期参加仲裁审理活动时，为保证当事人合法权益的实现，《仲裁法》允许当事人向仲裁庭提出延期开庭的请求，是否准许，由仲裁庭决定。

典型案例

入库案例：付某与某信律师事务所申请撤销仲裁裁决案［广东省广州市中级人民法院(2021)粤01民特870号］

裁判要旨：在仲裁送达程序中，仲裁委员会的仲裁规则中包括公告送达的，仲裁庭应当注意核实当事人提供的联系地址、联系电话等是否正确，在邮寄送达未能完成的情况下，应尽合理查询义务，确认邮寄送达不能妥投的原因，在查实“自然人下落不明或者用其他方式无法送达”的情况下，方可采用公告送达方式。人民法院审查认定仲裁庭公告送达违反法定程序的，应当撤销仲裁裁决。

第五十四条 【当事人缺席的处理】申请人经书面通知，无正当理由不到庭或者未经仲裁庭许可中途退庭的，可以视为撤回仲裁申请。

被申请人经书面通知，无正当理由不到庭或者未经仲裁庭许可中途退庭的，可以缺席裁决。

条文注释

撤回仲裁申请，是指仲裁委员会受理当事人提出的仲裁申请后，在仲裁庭作出仲裁裁决之前，仲裁申请人撤回自己的仲裁申请，不再请求仲裁庭对该争议案件进行审理并作出仲裁裁决的行为，既包括仲裁申请人撤回对被申请人的仲裁申请，也包括被申请人撤回对仲裁申请人的仲裁反请求申请。仲裁庭按撤回仲裁申请处理，是指在当事人未主动提出撤回仲裁申请的情况下，由于法定事由的发生，仲裁庭根据《仲裁法》的规定，视为当事人撤回了仲裁申请。

缺席裁决，是指在被申请人一方无正当理由不到庭或者未经仲裁庭许可中途退庭，没有双方当事人充分陈述与辩论的情况下，仲裁庭在听取申请人一方的陈述并查明争议案件事实的基础上作出的仲裁裁决。在当事人缺席的情形下，更加要求仲裁庭认真行使仲裁权，严格按照程序的要求进行审理和裁决。

关联法规

《民事诉讼法》第 146 ~ 148 条

第五十五条　【证据的提供与收集】当事人应当对自己的主张提供证据。

仲裁庭认为有必要收集的证据，可以自行收集；必要时，可以请求有关方面依法予以协助。

条文注释

举证证明责任，是指当事人对自己提出的主张有提供证据予以证明的责任。为了使自己主张的事实、请求得到仲裁庭的认可与支持，当事人必须提供证据予以证明。

参考《中国国际经济贸易仲裁委员会证据指引》第 1 条的规定，证明责任的分配如下：(1) 当事人对其主张的事实承担举证责任。(2) 对合同成立或生效的事实有争议的，由主张合同成立或生效的一方当事人承担举证责任；主张合同变更、解除、终止、撤销的一方当事人对引起合同关系变动的事实承担举证责任。(3) 对合同履行事实发生争议的，由负有相关履行义务的当事人承担举证责任。(4) 请求损害赔偿与其他救济的一方当事人以及反驳该等请求的对方当事人，应对支持各自主张的事实承担举证责任。主张约定的违约金低于或高于实际损失并要求调整违约金的，提出该主张的当事人承担举证责任。同时，对于双方当事人没有争议的事实、自然规律及定理、众所周知的事实或常识以及根据法律规定、已知事实或日常生活经验法则,能推定出的另一事实,当事人无须举证,但是当事人有相反证据足以推翻的除外。

由于商事仲裁制度可以用于平等主体的自然人、法人和非法人组织之间发生的合同纠纷和其他财产权益纠纷,仲裁机构在分配证明责任时通常会参照《民事诉讼法》及相关司法解释的规定。基于仲裁的自主性与民间性,当事人可以约定由仲裁庭根据公平原则分配证明责任。

关联法规

《民事诉讼法》第66~68条;《中国国际贸易仲裁委员会仲裁规则》第41条、第43条;《中国国际经济贸易仲裁委员会证据指引》

第五十六条　【专门性问题的鉴定】当事人可以就查明事实的专门性问题向仲裁庭申请鉴定。仲裁庭根据当事人的申请或者自行判断认为对专门性问题需要鉴定的,可以交由当事人约定的鉴定人鉴定,也可以由仲裁庭指定的鉴定人鉴定。

根据当事人的请求或者仲裁庭的要求,经仲裁庭通知,鉴定人应当参加开庭。当事人经仲裁庭许可,可以向鉴定人提问。

条文注释

2025年《仲裁法》修订中新增了仲裁程序中当事人申请鉴定的规则。即针对专门性问题,当事人可以申请启动鉴定,仲裁庭也可依职权启动鉴定。

关联法规

《民事诉讼法》第79条、第82条;《中国国际经济贸易仲裁委员会仲裁规则》第44条

第五十七条　【证据的出示与质证】证据应当在开庭时出示,当事人可以质证。

条文注释

仲裁庭应确保一方当事人有机会就对方当事人提交的所有证据发表质证意见。质证意见可以采用口头或书面形式。

(1)对书证的质证:①开庭审理的案件,书证应在庭审过程中出示,由当事人口头质证。为避免不必要的拖延,当事人可仅针对有争议的书证发表意见,并集中说明哪些书证不应被仲裁庭采纳为证据。②虽有前项规定的情形,仲裁庭可在与当事人协商后,作出双方当事人在庭审前进行质证的适当安排。③对复印件与原件可能不一致的书证,当事人及仲裁庭可要求核对原件。④视听资料是否在庭审过程中播放,或者是否全部或部分播放,由仲裁庭在与当事人协商后决定。⑤对于物证,准用对书证进行质证的原则。

(2)对证人、专家、查验人和鉴定人的质询:①原则上,证人和专家应出席庭审或通过远程视频参加庭审,并接受安排其出庭的一方当事人的询问("询问")和对方当事人的盘问("盘问")。②质询程序由仲裁庭主持。除非双方当事人同意,证人和专家在作证之前不应出席庭审。双方当事人可以对询问证人和专家的方式和时间进行协商。除当事人另有约定外,仲裁庭应确保双方当事人获得质询的机会,但可对询问或盘问的时间加以限制。③对证人和当事人一方聘请的专家的质询,通常可采用询问、盘问和再次询问的顺序。仲裁庭可决定将证人的书面证言或专家的书面报告作为对询问的回答,并直接进入盘问阶段。再次询问不应超出盘问所涉及的问题。④仲裁庭指定的专家、查验人或鉴定人应当出席庭审,仲裁庭应确保双方当事人有机会对他们进行质询。⑤在与当事人协商后,仲裁庭可安排双方的专家或证人进行对质。⑥仲裁庭可限制当事人提出某个问题,或告知证人、专家、查验人或鉴定人对某个问题无须作出答复。仲裁庭可随时向证人、专家、查验人或鉴定人提问。

关联法规

《中国国际经济贸易仲裁委员会证据指引》

第五十八条　【证据保全】在证据可能灭失或者以后难以取得的情况下，当事人可以申请证据保全。当事人申请证据保全的，仲裁机构应当将当事人的申请提交证据所在地的基层人民法院，人民法院应当依法及时处理。

因情况紧急，仲裁协议的当事人可以在申请仲裁前依照《中华人民共和国民事诉讼法》的有关规定向人民法院申请证据保全。当事人申请证据保全的，人民法院应当依法及时处理。

条文注释

证据保全，是指在证据可能灭失或今后难以取得的情况下，仲裁机构将当事人的申请提交人民法院，并由人民法院审查后采取一定措施，将有关证据加以提收或固定的活动。

申请证据保全应注意以下问题：(1)要保全的证据必须与案件有关联；(2)证据确有灭失的危险或以后难以取得的可能；(3)证据保全应当由当事人向仲裁机构提出申请，再由仲裁机构提交至人民法院处理；(4)证据保全由证据所在地的基层人民法院管辖。

关联法规

《民事诉讼法》第 84 条

第五十九条　【当事人辩论】当事人在仲裁过程中有权进行辩论。辩论终结时，首席仲裁员或者独任仲裁员应当征询当事人的最后意见。

条文注释

庭审辩论，是指在仲裁庭的主持下，双方当事人依据在庭审调查中审查核实的事实和证据，就如何认定事实，适用法律，以解决当事人之间的纠纷，提出自己的主张和意见，进行言词辩论的过程。

当事人辩论是开庭审理的重要程序，也是辩论原则的重要体现。在庭审调查的基础上，言词辩论可以使当事人之间所争执的事实更加清楚,双方当事人之间的权利义务关系更加明确,为仲裁庭公正地裁决案件奠定基础。当事人进行辩论通常按照下列顺序进行:(1)申请人及其仲裁代理人发言。(2)被申请人及其仲裁代理人发言。(3)双方相互辩论。庭审辩论终结前,首席仲裁员或者独任仲裁员可以按照申请人、被申请人的顺序征询当事人的最后意见。

关联法规

《民事诉讼法》第144条

第六十条 【开庭笔录】仲裁庭应当将开庭情况记入笔录。当事人和其他仲裁参与人认为对自己陈述的记录有遗漏或者差错的,有权申请补正。如果不予补正,应当记录该申请。

笔录由仲裁员、记录人员、当事人和其他仲裁参与人签名或者盖章。

条文注释

开庭笔录,是在仲裁的开庭审理过程中,记录人员对整个开庭审理情况所作的记载。开庭笔录是仲裁程序中重要的法律文书。

仲裁机构仲裁规则也对开庭笔录以及其与时俱进的其他方式作了规定,如《中国国际经济贸易仲裁委员会规则》第40条第1款规定,开庭审理时,仲裁庭可以制作庭审笔录及/或影音记录。仲裁庭认为必要时,可以制作庭审要点,并要求当事人及/或其代理人、证人及/或其他有关人员在庭审笔录或庭审要点上签字或盖章。庭审笔录、庭审要点和影音记录供仲裁庭查用。

关联法规

《民事诉讼法》第150条

第六十一条 【虚假仲裁的规制】仲裁庭发现当事人单方捏造基本事实申请仲裁或者当事人之间恶意串通,企图通过仲裁方式侵害国家利益、社会公共利益或者他人合法权益的,应当驳回其仲裁请求。

条文注释

本条为2025年《仲裁法》修订新增条款。虚假仲裁，是指双方当事人之间不存在真实民商事纠纷却恶意串通，通过提供虚假陈述或伪造证据，捏造事实并虚构法律关系，获取生效的仲裁裁决，进而侵害国家利益、社会公共利益或者案外人合法权益的违法行为。

在此之前，当事人捏造案件事实，或者恶意串通损害第三方利益的，第三方仅可通过申请不予执行的方式获得救济。人民法院也只能对提起诉讼或者申请执行的仲裁裁决进行监督，对于没有提起诉讼或没有申请执行的仲裁裁决，则无法予以监督，虚假仲裁案外人的权益无法得到全面保障。2025年《仲裁法》修订直接赋予仲裁庭可以直接驳回仲裁请求的权力，能够有效防范虚假仲裁，保障国家利益、社会公共利益和案外人的合法权益。

典型案例

最高人民法院仲裁司法审查典型案例：王某与李某申请撤销仲裁裁决案[贵州省贵阳市中级人民法院(2023)黔01民特54号]

典型意义：司法实践中，出借人为借款人从事违法犯罪活动提供民间借贷的情形时有发生，且出借人和借款人均明知或应知借款用作赌资、毒资等，此类借贷行为属于违背公序良俗的民事法律行为。《仲裁法》第58条第3款规定："人民法院认定该裁决违背社会公共利益的，应当裁定撤销。"人民法院依据该条规定，明确了公序良俗原则在申请撤销仲裁裁决案件中的适用规则，依法撤销案涉仲裁裁决。本案系人民法院依法维护公序良俗、弘扬和践行社会主义核心价值观的典型案例。

关联法规

《仲裁法》第71条；《民事诉讼法》第248条；《最高人民法院关于人民法院办理仲裁裁决执行案件若干问题的规定》第9条、第18条

第六十二条 【仲裁和解】当事人申请仲裁后，可以自行和解。达成和解协议的，可以请求仲裁庭根据和解协议作出裁决书，也可以撤回仲裁申请。

条文注释

仲裁和解，是指仲裁委员会受理争议案件后，仲裁庭作出仲裁裁决前，双方当事人通过自愿平等协商，达成和解协议，以解决争议案件，终结仲裁程序的活动。仲裁和解是当事人处分自己实体权利与程序权利的集中体现，既可以发生在开庭期间，也可以发生在庭外，但都是在没有仲裁庭主持的情况下，由当事人确定和解方案。

当事人自行和解并达成和解协议后，有两种处理方式：

一是请求仲裁庭根据和解协议作出和解裁决书。仲裁庭应当事人的请求根据和解协议作出和解裁决书后，裁决即具有终局效力，当事人不得再就同一争议申请仲裁或提起诉讼，该裁决书具有强制执行力。和解裁决书是仲裁裁决书的特殊形式，与仲裁裁决书一样，一经仲裁庭作出立即生效，向当事人送达和解裁决书时，当事人拒绝签字并不影响和解裁决书的效力。

二是撤回仲裁申请。如果当事人不请求仲裁庭根据其和解协议作出裁决书，则可撤回仲裁申请。若一方当事人不履行和解协议所确定的义务，权利人无权依据该和解协议向有管辖权的人民法院申请强制执行。

第六十三条　【达成和解协议、撤回仲裁申请后反悔的处理】当事人达成和解协议，撤回仲裁申请后反悔的，可以根据仲裁协议申请仲裁。

条文注释

撤回仲裁申请，是当事人对其仲裁程序上的权利进行的处分，并非放弃实体权利，因而，只要申请人没有声明放弃实体权利，申请人就可以重新申请仲裁。由于当事人自行和解达成的和解协议并不具有法律上的约束力，原有的仲裁协议对争议事项仍然有效，而不必另行达成新的仲裁协议，因此，当事人达成和解协议，撤回仲裁申请后又反悔的，可以根据仲裁协议再次申请仲裁。

第六十四条　【仲裁调解】仲裁庭在作出裁决前，可以先行调解。当事人自愿调解的，仲裁庭应当调解。调解不成的，应当及时作出裁决。

调解达成协议的，仲裁庭应当制作调解书或者根据协议的结果制作裁决书。调解书与裁决书具有同等法律效力。

条文注释

仲裁调解，也称仲裁中的调解，是指在仲裁程序进行的过程中，应当事人请求或征得双方当事人同意，由仲裁员对案件进行的调解。调解成功，依据调解协议制作仲裁调解书或裁决书；调解不成，再恢复仲裁程序。

仲裁调解具有以下特征：(1)仲裁调解是通过仲裁程序审结案件的一种方式。(2)仲裁调解以仲裁为依托，调解依附在仲裁程序中，并贯穿仲裁程序的全过程，但仲裁调解不是作出仲裁裁决的必经阶段。(3)仲裁调解的启动与调解协议的达成均出自双方当事人的自愿。(4)通常情况下审理案件的仲裁员同时是调解活动的主持者，即“仲调合一”。(5)仲裁调解对调解程序的要求与调解协议合法性的审查更为严格。(6)仲裁中达成的调解协议，经仲裁庭制作仲裁调解书便具有了与仲裁裁决同等的法律效力，若当事人不履行仲裁调解书中规定的义务，另一方当事人可申请人民法院强制执行。

第六十五条　【仲裁调解书】调解书应当写明仲裁请求和当事人协议的结果。调解书由仲裁员签名，加盖仲裁机构印章，送达双方当事人。

调解书经双方当事人签收后，即发生法律效力。

在调解书签收前当事人反悔的，仲裁庭应当及时作出裁决。

条文注释

仲裁调解书，是指仲裁庭制作的，确认双方当事人之间就争议的实体权利义务关系所达成的调解协议内容的法律文书。与仲裁调解书不同,调解协议是在仲裁程序中,双方当事人在仲裁庭的主持下,经过协商,就争议的实体权利义务的确定所达成的合意。调解协议未经仲裁庭以制作调解书的方式确认,只具有民事合同的效力。仲裁调解书则具有与仲裁裁决书同等的法律效力。仲裁调解书须经签收后生效,调解书一经签收,当事人不得反悔,但在签收之前允许当事人反悔。

关联法规

《民事诉讼法》第100条、第102条

第六十六条 【仲裁裁决的作出】裁决应当按照多数仲裁员的意见作出,少数仲裁员的不同意见可以记入笔录。仲裁庭不能形成多数意见时,裁决应当按照首席仲裁员的意见作出。

第六十七条 【仲裁裁决的内容】裁决书应当写明仲裁请求、争议事实、裁决理由、裁决结果、仲裁费用的负担和裁决日期。当事人协议不愿写明争议事实和裁决理由的,可以不写。裁决书由仲裁员签名,加盖仲裁机构印章。对裁决持不同意见的仲裁员,可以签名,也可以不签名。

第六十八条 【先行裁决】仲裁庭仲裁纠纷时,其中一部分事实已经清楚,可以就该部分先行裁决。

条文注释

先行裁决,是指对整个争议中的某一个或某几个问题已经审理清楚,为了及时保护当事人的合法权益或有利于继续审理其他问题,仲裁庭先行作出的对某一个或某几个问题的终局性裁决。

先行裁决一经作出,即具有法律效力。先行裁决有助于加速仲裁进程,提高工作效率,及时保护当事人的合法权益。

第六十九条 【裁决书的补正】对裁决书中的文字、计算错误或者仲裁庭已经裁决但在裁决书中遗漏的事项，仲裁庭应当补正；当事人自收到裁决书之日起三十日内，可以请求仲裁庭补正。

条文注释

裁决书在以下情况下可以补正：(1)裁决书中任何计算错误，任何书写、打印、计算或任何类似的错误，当事人可以要求更正；(2)当事人在仲裁程序中提出但在裁决书中遗漏的仲裁请求/反请求事项，或者仲裁庭在其意见中陈述过但裁决中遗漏了的应裁事项，当事人可以要求补充裁决；需要注意的是，对裁决的改正、补充成原裁决的组成部分。

典型案例

入库案例：常某与某投资基金执行监督案[最高人民法院(2020)最高法执监82号]

裁判要旨：对仲裁裁决书中的文字、计算错误或者仲裁庭已经裁决但在裁决书中遗漏的事项，当事人可以要求仲裁庭予以补正，但应遵循较为严格的程序要求。当仲裁委员会针对裁决事项出具的说明与裁决书主文内容在文义上明显不一致时，执行法院应通过书面告知仲裁庭进行说明，或者向仲裁委员会调阅仲裁案卷等方式查明该说明是否系依法定程序作出、是否具有法律效力等事实，否则不能径行将该说明作为执行依据进行执行。

第七十条 【裁决书生效】裁决书自作出之日起发生法律效力。

第五章　申请撤销裁决

第七十一条　【申请撤销仲裁裁决的法定事由】当事人提出证据证明裁决有下列情形之一的，可以向仲裁机构所在地的中级人民法院申请撤销裁决：

（一）没有仲裁协议；

（二）裁决的事项不属于仲裁协议的范围或者仲裁机构无权仲裁；

（三）仲裁庭的组成或者仲裁的程序违反法定程序；

（四）裁决所根据的证据是伪造的；

（五）对方当事人隐瞒了足以影响公正裁决的证据；

（六）仲裁员在仲裁该案时有索贿受贿、徇私舞弊、枉法裁决行为。

人民法院经组成合议庭审查核实裁决有前款规定情形之一的，应当裁定撤销。

人民法院认定该裁决违背公共利益的，应当裁定撤销。

条文注释

申请撤销仲裁裁决，是指当事人不服仲裁裁决，向人民法院提出撤销裁决申请，人民法院经审理作出的驳回撤销仲裁裁决申请或撤销仲裁裁定。值得注意的是，申请撤销仲裁裁决案件不是仲裁裁决的二审。根据《仲裁法》规定的“一裁终局”原则，人民法院应当充分尊重仲裁庭对事实认定、法律适用等实体事项的裁断，法律规定司法对仲裁的监督实行有限监督的原则，在审查时以被动审查和形式审查为主，依法维护仲裁裁决的终局效力。当事人应当向仲裁委员会所在地的中级人民法院提出撤销仲裁裁决的申请。向其他人民法院提出的，人民法院不予受理。仲裁裁决只有符合法定撤销的事由时才能予以撤销,而仲裁裁决是否具有法定可撤销的情形,则须当事人提出证据予以证明。

(1)没有仲裁协议。没有仲裁协议,是指当事人没有达成仲裁协议、仲裁协议被认定无效或者被撤销。实践中比较常见的情形是一方当事人主张仲裁协议中的签字并非本人所签,仲裁条款并非当事人的真实意思表示,或双方合意的仲裁机构指向不明确,不存在有效的仲裁协议。基于仲裁协议独立性的原理,当事人在订立合同时就争议达成仲裁协议的,合同未成立不影响仲裁协议的效力。

(2)裁决的事项不属于仲裁协议的范围或者仲裁机构无权仲裁。此事由包括裁决事项不属于仲裁协议范围和裁决事项系仲裁庭或仲裁机构无权管辖两方面的内容。其中,仲裁机构无权管辖的情形包括:一是仲裁裁决事项属于依照法律规定或者当事人选择的仲裁规则规定的不可仲裁事项,即纠纷本身不具有可仲裁性;二是裁决内容超出当事人仲裁请求范围,就是常说的“裁非所请”;三是作出裁决的仲裁机构非仲裁协议所约定,即仲裁机构不具有管辖权。值得注意的是,仲裁裁决的实体处理结果是否得当,不属于人民法院对仲裁裁决司法审查的范围。对于当事人在仲裁请求中主张的律师费等合理费用,仲裁庭在结合双方合同约定和案件实际情况后,有权根据当事人的请求,裁定败诉方补偿胜诉方因办理案件支出的合理费用,该情形一般不构成超裁。

(3)仲裁庭的组成或者仲裁的程序违反法定程序。仲裁程序违法,是指违反《仲裁法》规定的仲裁程序、当事人选择的仲裁规则或者当事人对仲裁程序的特别约定,并且可能影响案件公正裁决。实践中常见的程序异议包括仲裁机构未送达仲裁文件导致当事人缺席庭审程序、未依程序规则让当事人选择仲裁员、超过规定期限裁决、仲裁员未按规定回避、证据未经质证等。实践中有的当事人以诉讼程序的标准要求仲裁程序,忽略了仲裁程序的自治性特征。从维护仲裁裁决终局性出发,一般而言,违反法定程序需要达到可能影响案件公正裁决的严重程度方可予以撤销。

(4)裁决所根据的证据是伪造的。认定此项事由作为撤裁事由应当满足以下构成要件：一是该证据已经被仲裁庭采信；二是该证据是属于认定案件基本事实的主要证据；三是申请人需提供相应的证据证明其所主张的证据系伪造。需要说明的是，伪造证据不等于虚假陈述，伪造证据是指故意制造虚假的证据材料，虚假陈述则是指当事人故意对案件的事实作出虚假、误导性陈述。当事人主张伪造证据，实则意指被申请人虚假陈述的，因被申请人是否作了虚假陈述属于仲裁庭对案件事实认定的范畴，而人民法院基于形式审查原则，则对该类当事人的撤裁申请不予支持。

(5)对方当事人隐瞒了足以影响公正裁决的证据。认定此项事由作为撤裁事由应当满足以下构成要件：一是该证据属于认定案件基本事实的主要证据；二是该证据仅为对方当事人掌握，但未向仲裁庭提交；三是仲裁过程中知悉存在该证据，且要求对方当事人出示或者请求仲裁庭责令其提交，但对方当事人无正当理由未予出示或者提交。

(6)仲裁员在仲裁该案时有索贿受贿，徇私舞弊，枉法裁决行为。此项事由中的行为是指已经由生效刑事法律文书或者纪律处分决定所确认的行为。当事人申请撤裁时需提供已生效刑事法律文书或纪律处分决定等文书。对仲裁案件处理结果的不认同不代表仲裁员在仲裁该案时有索贿受贿，徇私舞弊，枉法裁决的行为。

(7)仲裁裁决违背公共利益。社会公共利益主要是指社会或者某一领域的共同利益，如果裁决仅影响仲裁当事人之间的权利义务，一般不能据此认为该裁决违背社会公共利益。实践中，认定违背社会公共利益的情形包括仲裁裁决违反我国法律的基本原则、违反社会公序良俗、危害国家及社会公共安全、违反我国法律强制性规定、损害国家公共安全秩序等。

典型案例

1. 申请人顾某与被申请人安庆市天盛装饰工程有限公司申请撤销仲裁裁决案［安徽省安庆市中级人民法院(2016)皖08民特20号］

裁判要旨：本案中申请人顾某主张双方没有仲裁协议。对此，安庆市天盛装饰工程有限公司与巴特佛莱酒店公司签订的《建筑装饰工程施工合同》中明确约定仲裁条款，但巴特佛莱酒店公司此时并未成立，合同上加盖的是顾某私刻的酒店公章。因此，合同中的仲裁条款应当视为巴特佛莱酒店公司发起人的真实意思表示，双方最初的合意是选择仲裁，排除法院对本案的管辖权。故仲裁认定合同中约定的仲裁条款对公司发起人顾某具有约束力并无不当。顾某以双方无仲裁协议申请撤销仲裁裁决的理由不能成立，应裁定驳回顾某的申请。

2. 申请人中航光合(上海)新能源有限公司与被申请人内蒙古送变电有限责任公司申请撤销仲裁裁决案[上海市第一中级人民法院(2019)沪01民特735号]

裁判要旨：当事人在仲裁程序中未对仲裁协议的效力提出异议，在仲裁裁决作出后以仲裁协议无效为由主张撤销仲裁裁决或者提出不予执行抗辩的，人民法院不予支持。本案申请人在仲裁中并未就仲裁协议的效力提出过异议，故根据上述规定，现其以仲裁协议无效为由申请撤销仲裁裁决，法院不予支持。

3. 申请人上海御硕金属表面处理有限公司与被申请人上海旭豪通讯科技有限公司申请撤销仲裁裁决案[上海市第一中级人民法院(2014)沪一中民四(商)撤字第63号]

裁判要旨：本案的争议焦点是仲裁裁决是否存在“超裁”的情形。如果裁决事项不具有可仲裁性，或者超出仲裁协议和仲裁请求的范围，则构成“超裁”。仲裁庭为处理当事人的仲裁请求，基于案件审理的需要对仲裁协议所在合同之外的其他关联合同或者事实的审查和认定属于仲裁庭审理的事实范围，不属于裁决的事项范畴，不构成《仲裁法》中规定的“超裁”。本案中，被申请人上海旭豪通讯科技有限公司提出的仲裁请求均在双方签署的《厂房租赁合同》中仲裁条款所包含的争议范围之内，仲裁庭裁决的事项亦是针对仲裁请求，并未超出仲裁请求的范围，故仲裁裁决的事项并未超出仲裁协议的范围。

4. 申请人上海映春智能科技有限公司与被申请人浙江舜美环保

科技有限公司申请撤销仲裁裁决案[上海市第一中级人民法院(2021)沪01民特721号]

裁判要旨:根据《上海仲裁委员会仲裁规则》第84条规定明确了“视为已经送达”的情形,该种情形并不以实际送达当事人并由当事人签收为要件,仲裁委按上述规定中所列的任一地址向当事人投递了仲裁文件即视为已经送达。同时,上述规定中的“经对方当事人合理查询”并非要求对方当事人必须穷尽一切查询手段。当事人既然选择将双方争议提交仲裁委仲裁解决,则应视为其对仲裁委的上述送达规定已经知晓并接受。因此,当事人在选择仲裁委仲裁争议时就应该清楚确保送达地址信息无误在仲裁送达程序中的重要性。如被申请人已经尽到了合理的查询义务,仲裁委以特快专递形式向申请人的注册地址等送达仲裁文件,送达符合仲裁规则的规定,仲裁的送达程序不应认定违反法定程序。

5. 申请人米丈(上海)实业有限公司与被申请人上海培筑装饰工程有限公司申请撤销仲裁裁决案[上海市第一中级人民法院(2019)沪01民特208号]

裁判要旨:《仲裁法》第58条(现为《仲裁法》第71条)规定的违反法定程序,是指违反《仲裁法》规定的仲裁程序和当事人选择的仲裁规则可能影响案件正确裁决的情形。而仲裁庭是否进行鉴定以及不予鉴定的原因是否恰当属于仲裁庭对案件进行实体裁判的范围,系仲裁庭自行决定的范畴,不属于法院司法审查的范畴,也不属于仲裁程序问题。

6. 申请人宗某奎与被申请人徐某申请撤销仲裁裁决案[上海市第一中级人民法院(2019)沪01民特534号]

裁判要旨:申请人以仲裁案件审理超期、延长审理期限未告知当事人为由主张仲裁程序违法。根据《上海仲裁委员会仲裁规则》的规定,适用简易程序的案件自仲裁庭组成之日起2个月内作出裁决,但有特殊情况的可以延长仲裁期限。仲裁庭审理中当事人曾委托司法鉴定,仲裁庭根据案件的特殊情况延长仲裁期限未违反仲裁规则的规定,亦不违反《仲裁法》规定的仲裁程序。《仲裁法》或《上海仲裁委员会仲裁规则》对于仲裁庭应否将延长仲裁期限的情况书面通知当事人均无明文规定，退一步而言，即便将延长仲裁期限的情况告知当事人属于法定程序，仲裁庭未将该情况告知的程序瑕疵也不会对仲裁案件的审理结果产生实质影响，故申请人主张缺乏依据，人民法院难以支持。

7. 申请人华电国际电力股份有限公司与被申请人唐某琴等申请撤销仲裁裁决案［重庆市第一中级人民法院（2019）渝01民特61号］

裁判要旨：《律师执业管理办法》禁止律师承办与其本人担任仲裁员办理过的案件有利益冲突的法律事务，故仍在担任仲裁员的律师代理所任职的仲裁机构受理的案件，须考察其代理行为是否存在违反上述规定以及仲裁机构仲裁规则等关于利益冲突规定的情形，而不能仅以律师代理任职仲裁机构受理的案件就认定构成仲裁程序违反法定程序的撤裁事由。

8. 指导性案例199号：高哲宇与深圳市云丝路创新发展基金企业、李某申请撤销仲裁裁决案［广东省深圳市中级人民法院（2018）粤03民特719号］

裁判要旨：仲裁裁决裁定被申请人赔偿与比特币等值的美元，再将美元折算成人民币，属于变相支持比特币与法定货币之间的兑付交易，违反了国家对虚拟货币金融监管的规定，违背了社会公共利益，人民法院应当裁定撤销仲裁裁决。

9. 最高人民法院仲裁司法审查典型案例：王某与李某申请撤销仲裁裁决案［贵州省贵阳市中级人民法院（2023）黔01民特54号］

典型意义：司法实践中，出借人为借款人从事违法犯罪活动提供民间借贷的情形时有发生，且出借人和借款人均明知或应知借款用作赌资、毒资等，此类借贷行为属于违背公序良俗的民事法律行为。《仲裁法》第58条第3款（2025年《仲裁法》第71条第3款）规定："人民法院认定该裁决违背社会公共利益的，应当裁定撤销。"人民法院依据该条规定，明确了公序良俗原则在申请撤销仲裁裁决案件中的适用规则，依法撤销案涉仲裁裁决。本案系人民法院依法维护公序良俗、弘扬和践行社会主义核心价值观的典型案例。

关联法规

《民事诉讼法》第291条

第七十二条 【申请撤销仲裁裁决的期限】当事人申请撤销裁决的,应当自收到裁决书之日起三个月内提出。

条文注释

申请撤销仲裁裁决作为当事人的一项权利,当事人可以行使,也可以放弃。如果当事人在规定的期限内没有提出撤销仲裁裁决的申请,则应视为放弃了此项权利,双方当事人应自觉履行仲裁裁决书中所确定的各自义务。否则,权利方当事人可以向法院申请强制执行仲裁裁决。本条规定了申请撤销仲裁裁决的期限,2025年《仲裁法》修订由原来的“六个月”变为“三个月”。如果当事人因正当理由没有能够在3个月内向人民法院提出申请,则可以依照《民事诉讼法》第86条的规定在障碍消除后的10日内向人民法院申请顺延期限,是否准许,由人民法院决定。

关联法规

《民事诉讼法》第86条

第七十三条 【人民法院对撤销申请的审查与处理】人民法院应当在受理撤销裁决申请之日起两个月内作出撤销裁决或者驳回申请的裁定。

条文注释

人民法院对于当事人撤销仲裁裁决的申请,应当由审判员组成合议庭进行审查与处理。组成合议庭后应当在受理撤销裁决申请之日起2个月内作出撤销裁决或驳回申请的裁定。“两个月”是指撤销程序的期限。如果人民法院曾裁定中止撤销程序,中止的时间则不计算在“两个月”内。

对于申请撤销仲裁裁决案件,人民法院根据当事人的诉讼请求和具体案情，处理结果包括裁定驳回申请、裁定终结撤销程序或裁定撤销仲裁裁决。

一是裁定驳回申请。当事人提出申请撤销仲裁裁决的主张不符合仲裁法律规定的，人民法院应裁定驳回当事人的申请。对人民法院依法作出的驳回当事人申请的裁定，当事人无权上诉，不能申请再审，人民检察院不得抗诉。撤销仲裁裁决的申请被驳回后，双方当事人必须按照仲裁裁决所确定的权利义务自动履行。如果不自动履行仲裁裁决，权利方当事人可以向人民法院申请强制执行。

二是裁定撤销仲裁裁决。经审查当事人申请撤销仲裁裁决的理由成立的，法院在遵循报核制度后裁定撤销仲裁裁决。经审查仲裁裁决必须具有法律规定的撤销事由，不能以法定事由之外的理由撤销仲裁裁决。撤销仲裁裁决包括撤销全部或部分仲裁裁决两种类型。撤销全部仲裁裁决，是指将仲裁裁决作为一个整体予以撤销，仲裁裁决无效。撤销部分仲裁裁决，是指仅将仲裁裁决的一部分予以撤销，其他部分仍然有效。根据《最高人民法院关于适用〈中华人民共和国仲裁法〉若干问题的解释》第 19 条的规定，当事人以仲裁裁决事项超出仲裁协议范围为由申请撤销仲裁裁决，经审查属实的，人民法院应当撤销仲裁裁决中的超裁部分。但超裁部分与其他裁决事项不可分的，人民法院应当撤销仲裁裁决。仲裁裁决被人民法院依法裁定撤销的，当事人就该纠纷可以根据双方重新达成的仲裁协议申请仲裁，也可以向人民法院起诉。撤销我国内地仲裁机构的仲裁裁决，应当向本辖区所属高级人民法院报核；待高级人民法院审核后，方可依高级人民法院的审核意见作出裁定。高级人民法院经审查拟同意中级人民法院或者专门人民法院撤销我国内地仲裁机构的仲裁裁决，如果案件当事人住所地跨省级行政区域，或者以违背社会公共利益为由撤销仲裁机构的仲裁裁决，应当向最高人民法院报核，待最高人民法院审核后，方可依最高人民法院的审核意见作出裁定。

三是裁定终结撤销程序。当事人以仲裁裁决所依据的证据是伪造或对方当事人隐瞒了足以影响公正裁决的证据为由申请撤销仲裁裁决，经审查属实的，法院可以通知仲裁庭在一定期限内重新仲裁。仲裁庭在法院指定期限内开始重新仲裁的，法院应当裁定终结撤销程序；未开始重新仲裁的，法院应裁定恢复撤销程序。

关联法规

《最高人民法院关于仲裁司法审查案件报核问题的有关规定》

第七十四条　【申请撤销仲裁裁决的后果】人民法院受理撤销裁决的申请后，认为可以由仲裁庭重新仲裁的，通知仲裁庭在一定期限内重新仲裁，并裁定中止撤销程序。仲裁庭开始重新仲裁的，人民法院应当裁定终结撤销程序。仲裁庭拒绝重新仲裁的，人民法院应当裁定恢复撤销程序。

条文注释

重新仲裁，是指人民法院在受理仲裁当事人撤销仲裁裁决的申请后，认为仲裁裁决虽具有法律规定的撤销情形，但可以由仲裁庭通过重新进行仲裁加以纠正的，则裁定中止撤销程序，并通知仲裁庭在一定期限内重新进行仲裁的制度。重新仲裁是附属于当事人申请撤销仲裁裁决程序的一项制度，旨在有针对性地、公平而又经济地消除仲裁程序中的瑕疵。只有仲裁裁决所根据的证据是伪造的或者对方当事人隐瞒了足以影响公正裁决的证据的，人民法院才可以通知仲裁庭重新仲裁，同时要求人民法院在通知中说明要求重新仲裁的具体理由。重新仲裁无须另行组成仲裁庭，原则上不得增加仲裁请求、放弃部分仲裁请求和提出反请求，也不得撤回原仲裁申请，除非当事人能够达成一致。

人民法院认为当事人申请撤销仲裁裁决的案件，可以通知仲裁庭重新仲裁的，即发出通知，通知仲裁庭在一定期限内重新仲裁。对重新仲裁的通知是否采纳，由仲裁庭决定。仲裁庭既可以决定重新仲裁，也可以拒绝重新仲裁。仲裁庭在人民法院指定的期限内开始重新仲裁的，人民法院应当裁定终结撤销程序；未开始重新仲裁的，人民法院应当裁定恢复撤销程序，进而决定是否撤销仲裁裁决。当事人对重新仲裁裁决不服的，可以在重新仲裁裁决书送达之日起6个月内向人民法院申请撤销。

第六章 执 行

第七十五条 【仲裁裁决的执行】当事人应当履行裁决。一方当事人不履行的，另一方当事人可以依照《中华人民共和国民事诉讼法》的有关规定向人民法院申请执行。受申请的人民法院应当执行。

条文注释

与仲裁裁决执行相关的概念是仲裁裁决的履行。仲裁裁决的履行，是指双方当事人自觉履行仲裁裁决所确定的权利义务的行为。仲裁裁决执行案件，是指当事人申请人民法院执行仲裁机构依据《仲裁法》作出的仲裁裁决或者仲裁调解书的案件。

(1)执行管辖。当事人对仲裁机构作出的仲裁裁决或者仲裁调解书申请执行的，由被执行人住所地或者被执行的财产所在地的中级人民法院管辖。执行标的额符合基层人民法院一审民商事案件级别管辖受理范围，或者被执行人住所地或被执行的财产所在地在被指定的基层人民法院辖区内的，经上级人民法院批准，中级人民法院可以参照《民事诉讼法》第38条的规定指定基层人民法院管辖。

(2)执行时效。执行时效，是指法律所规定的债权人申请执行的期限。债权人必须在法定期间内申请执行仲裁裁决。

(3)申请书。申请书应当载明下列事项：①申请人或者被申请人为自然人的，应当载明其姓名、性别、出生日期、国籍及住所；为法人或者其他组织的，应当载明其名称、住所以及法定代表人或者代表人的姓名和职务；②裁决书的主要内容及生效日期；③具体的请求和理由。当事人提交的外文申请书、裁决书及其他文件，应当附有中文译本。申请人提交的文件不符合规定，经人民法院释明后提交的文件仍然不符合规定的，裁定不予受理。

(4)法院审查。人民法院收到申请执行人的执行仲裁裁决的申请后，决定是否强制执行之前，要进行必要的审查。值得注意的是，审查不应对实体进行审查，主要审查是否符合申请执行的条件。审查的具体范围包括：①仲裁裁决是否有效；②申请人是否为仲裁裁决所确定的债权人或继承人或权利承受人；③仲裁裁决是否具有给付的内容；④执行标的和被申请执行人是否明确；⑤申请人是否超过了法定的申请执行期限；⑥执行申请书是否符合要求；⑦是否附了仲裁协议或含有仲裁条款的合同书及仲裁裁决正本；⑧本法院是否具有对该仲裁裁决的执行管辖权等。根据审理执行仲裁裁决案件的实际需要，人民法院可以要求仲裁机构作出说明或者向相关仲裁机构调阅仲裁案卷。

典型案例

1. 入库案例：武汉某科技公司与张某执行监督案[最高人民法院(2023)最高法执监341号]

裁判要旨：仲裁裁决作为由人民法院执行的法律文书，被执行人住所地或者被执行的财产所在地的中级人民法院享有管辖权。仲裁裁决确定的权利人向被执行人户籍所在地中级人民法院申请执行立案后，在无有效证据证明被执行人经常居住地与户籍地不一致的情况下，为避免执行拖延、减轻当事人诉累，执行法院不宜驳回该执行申请。

2. 入库案例：某网络银行与刘某执行监督案[最高人民法院(2023)最高法执监509号]

裁判要旨：不予受理仲裁执行申请与不予执行仲裁裁决在法定条件、后续救济途径等方面存在不同。人民法院对不予受理仲裁执行申请与不予执行仲裁裁决应当适用不同的审查程序，对于应当适用裁定不予执行的情形，不得以不符合立案条件为由裁定驳回执行申请。

关联法规

《民事诉讼法》第38条、第235～246条；《最高人民法院关于人

民法院办理仲裁裁决执行案件若干问题的规定》

第七十六条 【仲裁裁决的不予执行】被申请人提出证据证明裁决有本法第七十一条第一款规定的情形之一的,经人民法院组成合议庭审查核实,裁定不予执行。

人民法院认定执行该裁决违背公共利益的,应当裁定不予执行。

条文注释

不予执行仲裁裁决,是指一方当事人向人民法院申请执行有效的仲裁裁决后,经对方当事人申请并经人民法院审查核实,认定该仲裁裁决具有法定情形而裁定不执行该仲裁裁决的制度。申请不予执行仲裁裁决是被申请执行人享有的一项权利,是对申请执行人申请执行权的抗辩权,也是启动对仲裁裁决司法监督的请求权。

不予执行仲裁裁决的情形包括:(1)当事人在合同中没有订有仲裁条款或者事后没有达成书面仲裁协议的。(2)裁决的事项不属于仲裁协议的范围或者仲裁机构无权仲裁的。其情形包括裁决的事项超出仲裁协议约定的范围、裁决的事项属于依照法律规定或者当事人选择的仲裁规则规定的不可仲裁事项、裁决内容超出当事人仲裁请求的范围、作出裁决的仲裁机构非仲裁协议所约定。(3)仲裁庭的组成或者仲裁的程序违反法定程序的。该情形包括:①违反仲裁法规定的仲裁程序、当事人选择的仲裁规则或者当事人对仲裁程序的特别约定,可能影响案件公正裁决的情形;②当事人主张未按照仲裁法或仲裁规则规定的方式送达法律文书导致其未能参与仲裁,或者仲裁员根据仲裁法或仲裁规则的规定应当回避而未回避,可能影响公正裁决的。但仲裁庭按照仲裁法或仲裁规则以及当事人约定的方式送达仲裁法律文书,当事人主张不符合民事诉讼法有关送达规定的,人民法院不予支持。此外,适用的仲裁程序或仲裁规则经特别提示,当事人知道或者应当知道法定仲裁程序或选择的仲裁规则未被遵守,但仍然参加或者继续参加仲裁程序且未提出异议，在仲裁裁决作出后以违反法定程序为由申请不予执行仲裁裁决的，人民法院不予支持。(4)裁决所依据的证据是伪造的。该事由包括：①该证据已被仲裁裁决采信；②该证据属于认定案件基本事实的主要证据；③该证据经查明确属通过捏造、变造、提供虚假证明等非法方式形成或者获取，违反证据的客观性、关联性、合法性要求。(5)对方当事人向仲裁机构隐瞒了足以影响公正裁决的证据的。该事由包括：①该证据属于认定案件基本事实的主要证据；②该证据仅为对方当事人掌握，但未向仲裁庭提交；③仲裁过程中知悉存在该证据，且要求对方当事人出示或者请求仲裁庭责令其提交，但对方当事人无正当理由未予出示或者提交。(6)仲裁员在仲裁该案时有索贿受贿、徇私舞弊、枉法裁决行为的。如果人民法院认定执行该裁决是违背社会公共利益的，应当裁定不予执行。

案外人向人民法院申请不予执行仲裁裁决或者仲裁调解书的，应当提交申请书以及证明其请求成立的证据材料，并符合下列条件：(1)有证据证明仲裁案件当事人恶意申请仲裁或者虚假仲裁，损害其合法权益；(2)案外人主张的合法权益所涉及的执行标的尚未执行终结；(3)自知道或者应当知道人民法院对该标的采取执行措施之日起30日内提出。案外人申请不予执行仲裁裁决或者仲裁调解书，符合下列条件的，人民法院应当支持：(1)案外人系权利或者利益的主体；(2)案外人主张的权利或者利益合法、真实；(3)仲裁案件当事人之间存在虚构法律关系，捏造案件事实的情形；(4)仲裁裁决主文或者仲裁调解书处理当事人民事权利义务的结果部分或者全部错误，损害案外人合法权益。

被执行人、案外人对仲裁裁决执行案件逾期申请不予执行的，人民法院应当裁定不予受理；已经受理的，应当裁定驳回不予执行申请。被执行人、案外人对仲裁裁决执行案件申请不予执行，经审查理由成立的，人民法院应当裁定不予执行；理由不成立的，应当裁定驳回不予执行申请。

当事人向人民法院申请撤销仲裁裁决被驳回后，又在执行程序中以相同事由提出不予执行申请的，人民法院不予支持；当事人向人民法院申请不予执行被驳回后，又以相同事由申请撤销仲裁裁决的，人民法院不予支持。

在不予执行仲裁裁决案件审查期间，当事人向有管辖权的人民法院提出撤销仲裁裁决申请并被受理的，人民法院应当裁定中止对不予执行申请的审查；仲裁裁决被撤销或者决定重新仲裁的，人民法院应当裁定终结执行，并终结对不予执行申请的审查；撤销仲裁裁决申请被驳回或者申请执行人撤回撤销仲裁裁决申请的，人民法院应当恢复对不予执行申请的审查；被执行人撤回撤销仲裁裁决申请的，人民法院应当裁定终结对不予执行申请的审查，但案外人申请不予执行仲裁裁决的除外。

典型案例

1. 入库案例：某农担公司与顾某某、王某某执行监督案［最高人民法院（2022）最高法执监473号］

裁判要旨：仲裁裁决不予执行的司法审查程序与执行立案审查程序在法律依据、审查启动方式、审查标准及救济途径等方面均有不同。执行仲裁裁决违背社会公共利益，属于不予执行的法定情形，但不属于裁定驳回执行申请的法定情形。

2. 入库案例：某高科公司与某天然气公司、陕西某公司执行监督案［最高人民法院（2020）最高法执监80号］

裁判要旨：案外人申请仲裁裁决不予执行，应证明仲裁案件当事人之间存在虚构法律关系等情形。在申请执行人提出企业对账函等证据证明案涉债权系双方在持续性交易中通过抵扣、结算而形成，案外人应提出反证予以推翻，在其未提交充分证据证明案涉债权系虚构或不存在的情况下，不能支持其不予执行的申请。

3. 入库案例：宋某慧与崔某兰、王某燕、刘某庆执行监督案［最高人民法院（2023）最高法执监38号］

裁判要旨：仲裁机构裁决的事项仅有部分内容符合不予执行仲裁裁决情形，且该部分裁事项与其他部分可分的，人民法院应当依法裁定对该部分不予执行，正确部分裁决的事项应当予以执行。仲裁裁决确定主债务和担保债务，担保债务部分存在不予执行情形的，可以仅对该部分不予执行，对主债务部分继续执行。

4. 入库案例：案外人蔡某申请不予执行仲裁裁决复议案［北京市高级人民法院(2018)京执复102号］

裁判要旨：申请不予执行仲裁裁决的“案外人”应予以限缩解释。一是案外人与仲裁裁决或仲裁调解的标的应具有“直接的、法律上的利害关系”；二是仲裁结果损害案外人合法权益。本案仲裁裁决结果为一般金钱债权给付，案外人所提事实和理由，针对执行过程中查封的具体财产，应通过案外人异议及异议之诉程序解决；针对仲裁裁决结果，应通过案外人不予执行仲裁裁决程序审查，案外人应承担相应举证责任。

5. 入库案例：朱某、胡某申请不予执行仲裁裁决执行监督案［最高人民法院(2021)最高法执监24号］

裁判要旨：《最高人民法院关于人民法院办理仲裁裁决执行案件若干问题的规定》第9条、第18条规定了案外人申请不予执行仲裁裁决或者仲裁调解书应符合的条件，包括仲裁案件当事人之间存在虚构法律关系、捏造案件事实的情形等实体内容，其与当事人申请不予执行仲裁裁决应符合的条件并不相同。对于案外人申请不予执行仲裁裁决或者仲裁调解书的案件，应严格依照司法解释规定的要件进行审查，对涉及虚构法律关系等实体问题，案外人提供的证据不足以证明的，不予支持。

关联法规

《民事诉讼法》第237条；《最高人民法院关于人民法院办理仲裁裁决执行案件若干问题的规定》

第七十七条　【仲裁裁决的执行中止、终结与恢复】一方当事人申请执行裁决，另一方当事人申请撤销裁决的，人民法院应当裁定中止执行。

人民法院裁定撤销裁决的，应当裁定终结执行。撤销裁决的申请被裁定驳回的，人民法院应当裁定恢复执行。

条文注释

仲裁裁决的中止执行，是指在执行程序开始后，由于出现某种特定的原因，从而暂时停止执行程序，等到这种特定原因消除之后，再决定执行程序是否继续进行的制度。仲裁裁决中止执行的事由包括：(1)一方当事人申请执行仲裁裁决，另一方当事人申请撤销仲裁裁决的，人民法院应裁定中止执行；(2)人民法院受理当事人撤销仲裁裁决的申请后，另一方当事人申请执行同一仲裁裁决的，受理执行申请的人民法院应当在受理后裁定中止执行；(3)被执行人申请撤销仲裁裁决并已由人民法院受理的，或者被执行人、案外人对仲裁裁决执行案件提出不予执行申请并提供适当担保的，执行法院应当裁定中止执行；(4)申请人表示可以延期执行的；(5)案外人对执行标的提出确有理由的异议的；(6)作为一方当事人的公民死亡，需要等待继承人继承权利或承担义务的；(7)作为一方当事人的法人或者其他组织终止，尚未确定权利义务承受人的；(8)人民法院认为应当中止执行的其他情形。

仲裁裁决的恢复执行，是指已中止执行的程序，由于中止的原因消失而继续进行的制度。当事人提出的撤销仲裁裁决的申请被人民法院裁定驳回的，或者人民法院裁定驳回了不予执行仲裁裁决、仲裁调解书申请的，人民法院应当裁定恢复已经中止的执行程序，继续执行。

仲裁裁决的终结执行，是指在执行程序开始后，由于出现特定的事由，执行程序无法再进行，或者已经没有继续进行的必要，因而结束执行程序的制度。人民法院裁定撤销仲裁裁决的，应当裁定终结执行。导致仲裁执行程序终结的情形包括：(1)申请人撤销申请的；(2)据以执行的法律文书被撤销的；(3)作为被执行人的公民死亡，无遗产可供执行，又无义务承担人的；(4)作为被执行人的公民因生活困难无力偿还借款，无收入来源，又丧失劳动能力的；(5)人民法院认为应当终结执行的其他情形。

关联法规

《民事诉讼法》第267条、第268条；《最高人民法院关于人民法院办理仲裁裁决执行案件若干问题的规定》第17~22条;《最高人民法院关于仲裁司法审查案件报核问题的有关规定》第2条、第3条

第七章 涉外仲裁的特别规定

第七十八条 【涉外仲裁的法律适用】涉外经济贸易、运输、海事纠纷以及其他涉外纠纷的仲裁,适用本章规定;本章没有规定的,适用本法其他有关规定。

条文注释

关于涉外因素的纠纷,目前尚无法律明文规定,可以参照《民事诉讼法》和《涉外民事关系法律适用法》的相关司法解释关于"涉外民事案件"和"涉外民事关系"的规定进行认定。涉外因素纠纷应具备以下情形之一:(1)当事人一方或者双方是外国人、无国籍人、外国企业或者组织的;(2)当事人一方或者双方的经常居所地在中华人民共和国领域外的;(3)标的物在中华人民共和国领域外的;(4)产生、变更或者消灭民事关系的法律事实发生在中华人民共和国领域外的;(5)可以认定为涉外民事关系的其他情形。

关联法规

《最高人民法院关于适用〈中华人民共和国民事诉讼法〉的解释》第520条;《最高人民法院关于适用〈中华人民共和国涉外民事关系法律适用法〉若干问题的解释(一)》第1条

第七十九条 【涉外仲裁的证据保全】涉外仲裁的当事人申请证据保全的,仲裁机构应当将当事人的申请提交证据所在地的中级人民法院,人民法院应当依法及时处理。

条文注释

涉外仲裁的证据保全,是指涉外仲裁程序开始后,遇有法定的

情况，根据当事人的申请，对证据及时采取保护措施，以保存证据证明力的措施。鉴于国务院办公厅下发的《关于贯彻实施〈中华人民共和国仲裁法〉需要明确的几个问题的通知》（国办发〔1996〕22号）已经明确国内新组建的仲裁机构可以受理涉外仲裁案件，涉外和国内仲裁机构均可办理涉外案件的实际，取消国内、涉外仲裁机构设立的双轨制规定，故2025年《仲裁法》修订删除对涉外仲裁机构的专门规定。

关联法规

《民事诉讼法》第289条；《中国国际经济贸易仲裁委员会仲裁规则》第13条；《中国海事仲裁委员会仲裁规则》第24条

第八十条　【涉外仲裁开庭笔录】涉外仲裁的仲裁庭可以将开庭情况记入笔录，或者作出笔录要点，笔录要点可以由当事人和其他仲裁参与人签名或者盖章。

条文注释

涉外仲裁对仲裁庭开庭情况的笔录要求不像对国内仲裁那样严格。仲裁庭可以将开庭情况记入笔录，或者只作笔录要点，笔录要点可以由当事人和其他仲裁参与人签名或者盖章，不愿签名盖章的，也可不签名盖章。

第八十一条　【仲裁地制度】当事人可以书面约定仲裁地。除当事人对仲裁程序的适用法另有约定外，以仲裁地作为仲裁程序的适用法及司法管辖法院的确定依据。仲裁裁决视为在仲裁地作出。

当事人对仲裁地没有约定或者约定不明确的，根据当事人约定的仲裁规则确定仲裁地；仲裁规则没有规定的，由仲裁庭根据案件情况，按照便利争议解决的原则确定仲裁地。

条文注释

2025年《仲裁法》修订新增本条款，在涉外仲裁中首次确立仲裁地制度。仲裁地是国际商事仲裁中的法律概念,是指约定的或由仲裁庭等机构确定的仲裁地点。仲裁地作为当事人解决纠纷约定选择的某个国家或者地区,是确定仲裁程序适用法、证据规则、仲裁裁决的国籍及司法管辖法院的重要依据。当事人可以书面约定仲裁地,作为仲裁程序的适用法及司法管辖法院的确定依据。仲裁裁决视为在仲裁地作出。2025 年《仲裁法》修订后,当事人约定中国境内地区作为仲裁地的,即使在境外机构进行裁决,当事人亦应适用现行《仲裁法》和《民事诉讼法》的规定申请执行或撤销裁决;当事人约定中国境外地区作为仲裁地的,则该仲裁可以被视为非国内仲裁,适用《纽约公约》承认、执行。

第八十二条　【特别仲裁制度】涉外海事纠纷或者在经国务院批准设立的自由贸易试验区、海南自由贸易港以及国家规定的其他区域内设立登记的企业之间发生的涉外纠纷,当事人书面约定仲裁的,可以选择由仲裁机构进行;也可以选择以中华人民共和国为仲裁地,由符合本法规定条件的人员组成仲裁庭按照约定的仲裁规则进行,该仲裁庭应当在组庭后三个工作日内将当事人名称、仲裁地、仲裁庭的组成情况、仲裁规则向仲裁协会备案。

当事人申请财产保全、证据保全、请求责令另一方当事人作出一定行为或者禁止其作出一定行为的,仲裁庭应当依法将当事人的申请提交人民法院,人民法院应当依法及时处理。

条文注释

2025 年《仲裁法》修订新增本条款,在涉外仲裁中首次确立特别仲裁制度。《最高人民法院关于为自由贸易试验区建设提供司法保障的意见》第 9 条第 3 款规定,在自贸试验区内注册的企业相互之间约定在内地特定地点、按照特定仲裁规则、由特定人员对有关争议进行仲裁的,可以认定该仲裁协议有效。2025 年《仲裁法》修订即是对该司法实践的吸纳和继承。特别仲裁的适用范围限于涉外海事中发生的纠纷、经国务院批准设立的自由贸易试验区内设立登记的企业之间发生的具有涉外因素的纠纷。对于这两类纠纷，当事人在存在仲裁协议的前提下可以选择临时组成仲裁庭按仲裁规则进行仲裁。

关联法规

《最高人民法院关于为自由贸易试验区建设提供司法保障的意见》第9条

第八十三条　【涉外仲裁撤销裁决】当事人提出证据证明涉外仲裁裁决有下列情形之一的，经人民法院组成合议庭审查核实，裁定撤销：

（一）没有仲裁协议；

（二）被申请人没有得到指定仲裁员或者进行仲裁程序的通知，或者由于其他不属于被申请人负责的原因未能陈述意见；

（三）仲裁庭的组成或者仲裁的程序与仲裁规则不符；

（四）裁决的事项不属于仲裁协议的范围或者仲裁机构无权仲裁。

人民法院认定该裁决违背公共利益的，应当裁定撤销。

条文注释

（1）管辖法院。仲裁裁决作出后，任何一方当事人均可以向仲裁委员会所在地的中级人民法院申请撤销仲裁裁决。在执行程序中，被申请人可以向执行法院申请不予执行仲裁裁决。

（2）申请事由。当事人必须向有管辖权的人民法院提出证据证明涉外仲裁裁决具有《民事诉讼法》第291条规定的不予执行仲裁裁决的法定事由。

（3）审查处理。人民法院应当组成合议庭对以下内容进行审查核实：提出申请的当事人是否具有申请撤销或不予执行仲裁裁决的资格；当事人是否有证据证明仲裁裁决具有被撤销或不予执行的法定事由。

(4)报核制度。《最高人民法院关于仲裁司法审查案件报核问题的有关规定》第2条第1款规定,各中级人民法院或者专门人民法院办理涉外涉港澳台仲裁司法审查案件,经审查拟认定仲裁协议无效,不予执行或者撤销我国内地仲裁机构的仲裁裁决,不予认可和执行香港特别行政区、澳门特别行政区、台湾地区仲裁裁决,不予承认和执行外国仲裁裁决,应当向本辖区所属高级人民法院报核;高级人民法院经审查拟同意的,应当向最高人民法院报核。待最高人民法院审核后,方可依最高人民法院的审核意见作出裁定。

关联法规

《民事诉讼法》第291条;《最高人民法院关于仲裁司法审查案件报核问题的有关规定》第2条

第八十四条 【涉外仲裁不予执行裁决】被申请人提出证据证明涉外仲裁裁决有本法第八十三条第一款规定的情形之一的,经人民法院组成合议庭审查核实,裁定不予执行。

人民法院认定执行该裁决违背公共利益的,应当裁定不予执行。

条文注释

本条明确涉外仲裁不予执行裁决的条件。涉外仲裁的一方当事人向人民法院提出执行申请后,被申请人能够提出证据证明涉外仲裁裁决有下列情形之一的,经人民法院组成合议庭审查核实,裁定不予执行:(1)当事人在合同中没有订有仲裁条款或者事后没有达成书面仲裁协议的;(2)被申请人没有得到指定仲裁员或者进行仲裁程序的通知,或者由于其他不属于被申请人负责的原因未能陈述意见的;(3)仲裁庭的组成或者仲裁的程序与仲裁规则不符的;(4)裁决的事项不属于仲裁协议的范围或者仲裁机构无权仲裁的。

第八十五条　【国内仲裁裁决的承认和执行】在中华人民共和国领域内作出的发生法律效力的仲裁裁决，当事人请求执行的，如果被执行人或者其财产不在中华人民共和国领域内，当事人可以直接向有管辖权的外国法院申请承认和执行。

条文注释

鉴于国务院办公厅下发的《关于贯彻实施〈中华人民共和国仲裁法〉需要明确的几个问题的通知》（国办发〔1996〕22号）已经明确国内新组建的仲裁机构可以受理涉外仲裁案件，涉外和国内仲裁机构均可办理涉外案件，取消国内、涉外仲裁机构设立的双轨制规定的实际，故2025年《仲裁法》修订删除对涉外仲裁机构的专门规定。

第八十六条　【支持涉外仲裁开展业务】支持仲裁机构到中华人民共和国境外设立业务机构，开展仲裁活动。

根据经济社会发展和改革开放需要，可以允许境外仲裁机构在国务院批准设立的自由贸易试验区、海南自由贸易港等区域内依照国家有关规定设立业务机构，开展涉外仲裁活动。

条文注释

2025年《仲裁法》修订新增该条款，从制度层面上允许境外仲裁机构在国内设立业务机构并开展涉外仲裁活动。

第八十七条　【鼓励选择中国仲裁】鼓励涉外仲裁当事人选择中华人民共和国（包括特别行政区）的仲裁机构、约定中华人民共和国（包括特别行政区）作为仲裁地进行仲裁。

条文注释

2025年《仲裁法》修订新增的该条款属于倡导性规定。具体鼓励措施有待各地仲裁规则进一步细化。

第八十八条　【外国仲裁裁决的承认与执行】在中华人民共和国领域外作出的发生法律效力的仲裁裁决，需要人民法院承认和执行的，当事人可以直接向被执行人住所地或者其财产所在地的中级人民法院申请。被执行人住所地或者其财产不在中华人民共和国领域内的，当事人可以向申请人住所地或者与裁决的纠纷有适当联系的地点的中级人民法院申请。人民法院应当依照中华人民共和国缔结或者参加的国际条约，或者按照互惠原则办理。

外国仲裁机构对中华人民共和国的公民、法人和其他组织的合法权益加以限制、歧视的，中华人民共和国有关机构有权对该国公民、企业和其他组织实行对等原则。

条文注释

中国内地关于承认和执行外国商事仲裁裁决的法律依据包括国际性法律依据和国内法依据：国际性法律依据为联合国 1958 年签订的《承认及执行外国仲裁裁决的公约》（因其在纽约签订，又称《纽约公约》）；国内法依据为《民事诉讼法》、最高人民法院发布的《关于执行我国加入的〈承认及执行外国商事仲裁裁决公约〉的通知》。中国内地承认和执行外国仲裁裁决大致分为三种情况：一是依照我国参加的联合国 1958 年签订的《承认及执行外国仲裁裁决的公约》承认和执行；二是依据我国缔结的双边协定的规定进行承认和执行；三是依照互惠原则办理。中国于 1986 年决定加入《承认及执行外国仲裁裁决的公约》，并在加入公约时，作了商事保留和互惠保留，该公约于 1987 年 4 月 22 日对中国生效。

典型案例

1. 指导性案例 200 号：斯万斯克蜂蜜加工公司申请承认和执行外国仲裁裁决案［江苏省南京市中级人民法院（2018）苏 01 协外认 8 号］

裁判要旨：仲裁协议仅约定通过快速仲裁解决争议，未明确约定仲裁机构的，由临时仲裁庭作出裁决，不属于《承认及执行外国仲裁裁决公约》第5条第1款规定的情形，被申请人以采用临时仲裁不符合仲裁协议约定为由，主张不予承认和执行该临时仲裁裁决的，人民法院不予支持。

2. 入库案例：某国际有限公司申请承认和执行外国仲裁裁决案［山东省淄博市中级人民法院(2015)淄民特字第1号］

裁判要旨：人民法院在处理申请承认和执行外国仲裁裁决纠纷案时，应严格依照《承认及执行外国仲裁裁决公约》的规定审慎界定违反公共政策的标准，限于承认和执行外国仲裁裁决将严重违反中国法律基本原则、侵犯中国国家主权、危害社会公共安全、违反善良风俗以及危及中国根本社会公共利益的情形。

3. 入库案例：某资源国际公司诉某贸易有限公司申请承认与执行外国仲裁裁决案［上海市第一中级人民法院(2016)沪01民认1号］

裁判要旨：当事人在仲裁条款中的约定与当事人援引的仲裁规则相冲突时，在仲裁条款的相关约定不违背仲裁的强制性规定的前提下，仲裁条款的约定应当优于仲裁规则的规定；仲裁机构作为经当事人授权而取得仲裁管辖权的仲裁程序管理方，应当对该特别约定予以充分尊重并优先适用，否则相关的仲裁裁决不应当被承认与执行。

4. 最高人民法院仲裁司法审查典型案例：乌兹别克斯坦艺术马赛克有限责任公司申请承认和执行乌兹别克斯坦工商会国际商事仲裁院仲裁裁决案［广东省佛山市中级人民法院(2021)粤06协外认1号］

典型意义：本案仲裁裁决由乌兹别克斯坦仲裁机构作出，涉及中乌两国公司之间的国际货物买卖合同纠纷。在中方当事人加盖的印章为非经登记备案公章的情况下，办案法院结合合同的磋商、签订以及履行情况，认定外方当事人已尽到合理的注意义务，由此确认中外双方当事人之间存在有效的仲裁协议。本案审结后，办案法院收到乌兹别克斯坦共和国驻上海总领事馆的致谢信。本案体现了人民法院严格依照国际公约的规定承认“一带一路”共建国家仲裁机构所作裁决、切实履行国际条约义务的司法立场,有力服务保障高质量共建“一带一路”。

关联法规

《民事诉讼法》第304条

第八章　附　　则

第八十九条　【仲裁机构】本法所称的仲裁机构包括依法设立的仲裁委员会、仲裁院等机构。

第九十条　【仲裁时效】法律对仲裁时效有规定的,依照其规定;没有规定的,适用诉讼时效的规定。

条文注释

所谓仲裁时效,是指达成仲裁协议的双方当事人于一定期间不行使请求协议约定的仲裁机构对其争议进行仲裁的权利,该期间届满后即丧失请求仲裁权利的制度。仲裁时效制度的本质在于,仲裁时效期间届满后,义务人拒绝履行义务的,权利人不能通过仲裁程序强制追索。权利人的实体权利并不因仲裁时效的届满而消灭。超过仲裁时效的,权利人仍可以向仲裁机构申请仲裁,仲裁机构应予以受理,但受理后查明无中止、中断、延长事由的,应当驳回权利人的仲裁请求。在国际商事仲裁中,相关的国际公约和域外法律一般都规定了商事仲裁和诉讼适用相同的时效规则。例如,1978年《联合国海上货物运输公约》第29条就明确规定,按照本公约有关货物运输的任何诉讼,如果在两年内没有提出司法或仲裁程序,即失去时效。现行法律并未对商事仲裁的时效作出特别规定,根据本条的规定,我国商事仲裁时效适用相关诉讼时效的规定。值得注意的是,仲裁时效的规定是《仲裁法》中的强制性规定,并非任意条款。在仲裁时效的判断问题上是否适用诉讼时效相关的司法解释？通常而言，司法解释并不必然在商事仲裁中适用。从商事仲裁的实践来看，仲裁案件中的时效判断也常常参照司法解释关于诉讼时效的规定。

关联法规

《民法典》第188条；《最高人民法院关于审理民事案件适用诉讼时效制度若干问题的规定》

第九十一条 【仲裁规则】仲裁机构依照本法和《中华人民共和国民事诉讼法》的有关规定，可以参照中国仲裁协会制定的示范仲裁规则制定仲裁规则。

条文注释

国内仲裁目前没有统一的仲裁规则，各仲裁机构根据《仲裁委员会仲裁暂行规则示范文本》制定了仲裁规则。主要内容包括：仲裁管辖，仲裁组织，仲裁申请和答辩、反请求程序，仲裁庭组成程序，审理程序，裁决程序，以及在相应程序中仲裁委员会、仲裁员和纠纷当事人的权利义务，等等。另外，还有关于使用语言、翻译、文书往来送达、仲裁费用的收取等方面的内容。目前，中国仲裁法法学研究会下设的仲裁规则专业委会制定了《仲裁规则示范文本》。

第九十二条 【仲裁费用】当事人应当按照规定交纳仲裁费用。

仲裁机构根据国家有关规定，制定收取仲裁费用的办法。

条文注释

仲裁费用包括案件受理费和案件处理费。申请人应当自收到仲裁委员会受理通知书之日起15日内，按照仲裁案件受理费表的规定预交案件受理费。被申请人在提出反请求的同时，应当按照仲裁案件受理费表的规定预交案件受理费。仲裁案件受理费的具体标准由仲裁委员会在仲裁案件受理费表规定的幅度内确定。仲裁案件受理费表中的争议金额，以申请人请求的数额为准；请求的数额与实际争议金额不一致的,以实际争议金额为准。申请仲裁时争议金额未确定的,由仲裁委员会根据争议所涉及权益的具体情况确定预先收取的案件受理费数额。当事人预交案件受理费确有困难的,由当事人提出申请,经仲裁委员会批准,可以缓交。当事人在规定的期限内不预交案件受理费,又不提出缓交申请的,视为撤回仲裁申请。

案件处理费包括:(1)仲裁员因办理仲裁案件出差、开庭而支出的食宿费、交通费及其他合理费用;(2)证人、鉴定人、翻译人员等因出庭而支出的食宿费、交通费、误工补贴;(3)咨询、鉴定、勘验、翻译等费用;(4)复制、送达案件材料、文书的费用;(5)其他应当由当事人承担的合理费用。上述第2项、第3项规定的案件处理费,由提出申请的一方当事人预付。案件处理费的收费标准按照国家有关规定执行;国家没有规定的,按照合理的实际支出收取。

关联法规

《仲裁委员会仲裁收费办法》第2~8条

第九十三条 【本法适用的例外】劳动争议仲裁、农村土地承包经营纠纷仲裁和体育仲裁等,适用《中华人民共和国劳动争议调解仲裁法》、《中华人民共和国农村土地承包经营纠纷调解仲裁法》、《中华人民共和国体育法》等有关法律的规定。

条文注释

商事仲裁解决的是平等主体的公民、法人和其他组织之间发生的合同纠纷和其他财产权益纠纷,即经济类纠纷,但不包括与身份有关的纠纷、劳动争议、体育争议、农村集体经济组织内部的农村承包合同纠纷以及行政争议。

(1)劳动争议仲裁。劳动争议仲裁属于行政仲裁,不同于商事仲裁。用人单位和劳动者发生劳动争议后,应先行经过调解、仲裁程序,当事人对仲裁裁决不服,或者劳动争议仲裁部门不予受理、逾期未作出仲裁裁决的,才可以向人民法院起诉。根据《劳动争议调解仲裁法》第2条的规定,用人单位与劳动者发生的下列劳动争议,适用本法:①因确认劳动关系发生的争议;②因订立、履行、变更、解除和终止劳动合同发生的争议;③因除名、辞退和辞职、离职发生的争议;④因工作时间、休息休假、社会保险、福利、培训以及劳动保护发生的争议;⑤因劳动报酬、工伤医疗费、经济补偿或者赔偿金等发生的争议;⑥法律、法规规定的其他劳动争议。

(2)农村土地承包经营纠纷调解仲裁。农村土地承包经营纠纷范围涵盖因订立、履行、变更、解除和终止农村土地承包合同等引起的纠纷,以及因流转、收回、调整承包土地等发生的纠纷。具体包括:①因订立、履行、变更、解除和终止农村土地承包合同发生的纠纷;②因农村土地承包经营权转包、出租、互换、转让、入股等流转发生的纠纷;③因收回、调整承包地发生的纠纷;④因确认农村土地承包经营权发生的纠纷;⑤因侵害农村土地承包经营权发生的纠纷;⑥法律、法规规定的其他农村土地承包经营纠纷。值得注意的是,因征收集体所有的土地及其补偿发生的纠纷,不属于农村土地承包仲裁委员会的受理范围。当事人与村集体因征收土地及补偿引发的纠纷,应该通过行政复议或者诉讼等方式解决。当事人申请仲裁,应当向纠纷涉及的土地所在地的农村土地承包仲裁委员会递交仲裁申请书;农村土地承包经营纠纷申请仲裁的时效期间为2年,自当事人知道或者应当知道其权利被侵害之日起计算。

(3)体育仲裁。2022年6月修订的《体育法》增加"体育仲裁"一章,明确国家建立体育仲裁制度,及时、公正解决体育纠纷。该章规定了体育仲裁的原则、范围、程序等基本制度,确定了体育仲裁委员会的组建规则,明确了体育仲裁与体育组织内部纠纷解决机制、其他仲裁制度、法院司法管辖等的关系,规定了建立体育仲裁特别程序等。体育仲裁制度的核心亮点表现为:明确体育仲裁依法独立原则;确立体育仲裁"一裁终局"原则;规定了体育仲裁的依据;明确体育组织内部救济的法律地位;设置体育仲裁特别程序。其中,体育仲裁的独立性,包括体育仲裁机构独立、仲裁程序独立、仲裁员独立三个方面的内容。体育仲裁机构独立,要求体育仲裁不仅独立于司法机关和行政机关,还要独立于全国各单项体育协会、中国奥林匹克委员会等社会组织。

关联法规

《劳动争议调解仲裁法》;《农村土地承包经营纠纷调解仲裁法》;《体育法》第91~100条

第九十四条 【国际投资仲裁】仲裁机构、仲裁庭可以依照有关国际投资条约、协定关于将投资争端提交仲裁的规定,按照争议双方约定的仲裁规则办理国际投资仲裁案件。

条文注释

国际投资仲裁与商事仲裁不同,一般而言,投资仲裁案件的申请人是私人投资者,被申请人则是国家。国际投资仲裁的目的是为东道国和投资者提供一个公平、中立且专业的争议解决平台。商事仲裁和投资仲裁在法律文化、法律渊源、仲裁员的挑选、管辖权等方面有着重大的区别。与国际商事仲裁不同,国际投资仲裁中适用的法律绝大多数是国际公约以及国与国之间签订的投资保护协定。以国际公约为例,国际投资仲裁中最普遍适用的有1966年签订的《关于解决国家和其他国家国民投资争端公约》(华盛顿公约)、1991年签订的《能源宪章条约》(ECT)、1992年签订的《北美自由贸易协定》(NAFTA)、2007年签订的《里斯本条约》等。

关联法规

《中国国际经济贸易仲裁委员会国际投资争端仲裁规则(试行)》

第九十五条 【仲裁登记管理】违反仲裁机构登记管理规定的,依照有关法律、行政法规的规定处理。

第九十六条 【施行日期】本法自2026年3月1日起施行。

附录一　相关法律及司法解释

中华人民共和国
民事诉讼法(节录)

(1991年4月9日第七届全国人民代表大会第四次会议通过　根据2007年10月28日第十届全国人民代表大会常务委员会第三十次会议《关于修改〈中华人民共和国民事诉讼法〉的决定》第一次修正　根据2012年8月31日第十一届全国人民代表大会常务委员会第二十八次会议《关于修改〈中华人民共和国民事诉讼法〉的决定》第二次修正　根据2017年6月27日第十二届全国人民代表大会常务委员会第二十八次会议《关于修改〈中华人民共和国民事诉讼法〉和〈中华人民共和国行政诉讼法〉的决定》第三次修正　根据2021年12月24日第十三届全国人民代表大会常务委员会第三十二次会议《关于修改〈中华人民共和国民事诉讼法〉的决定》第四次修正　根据2023年9月1日第十四届全国人民代表大会常务委员会第五次会议《关于修改〈中华人民共和国民事诉讼法〉的决定》第五次修正)

第一百二十七条　人民法院对下列起诉,分别情形,予以处理:

(一)依照行政诉讼法的规定,属于行政诉讼受案范围的,告知原告提起行政诉讼;

(二)依照法律规定,双方当事人达成书面仲裁协议申请仲裁、不得向人民法院起诉的,告知原告向仲裁机构申请仲裁;

(三)依照法律规定,应当由其他机关处理的争议,告知原告向有关机关申请解决；

（四）对不属于本院管辖的案件，告知原告向有管辖权的人民法院起诉；

（五）对判决、裁定、调解书已经发生法律效力的案件，当事人又起诉的，告知原告申请再审，但人民法院准许撤诉的裁定除外；

（六）依照法律规定，在一定期限内不得起诉的案件，在不得起诉的期限内起诉的，不予受理；

（七）判决不准离婚和调解和好的离婚案件，判决、调解维持收养关系的案件，没有新情况、新理由，原告在六个月内又起诉的，不予受理。

第二百四十八条　对依法设立的仲裁机构的裁决，一方当事人不履行的，对方当事人可以向有管辖权的人民法院申请执行。受申请的人民法院应当执行。

被申请人提出证据证明仲裁裁决有下列情形之一的，经人民法院组成合议庭审查核实，裁定不予执行：

（一）当事人在合同中没有订有仲裁条款或者事后没有达成书面仲裁协议的；

（二）裁决的事项不属于仲裁协议的范围或者仲裁机构无权仲裁的；

（三）仲裁庭的组成或者仲裁的程序违反法定程序的；

（四）裁决所根据的证据是伪造的；

（五）对方当事人向仲裁机构隐瞒了足以影响公正裁决的证据的；

（六）仲裁员在仲裁该案时有贪污受贿，徇私舞弊，枉法裁决行为的。

人民法院认定执行该裁决违背社会公共利益的，裁定不予执行。

裁定书应当送达双方当事人和仲裁机构。

仲裁裁决被人民法院裁定不予执行的，当事人可以根据双方达成的书面仲裁协议重新申请仲裁，也可以向人民法院起诉。

第二百八十八条　涉外经济贸易、运输和海事中发生的纠纷，当事人在合同中订有仲裁条款或者事后达成书面仲裁协议，提交中华人民共和国涉外仲裁机构或者其他仲裁机构仲裁的，当事人不得向人民法院起诉。

当事人在合同中没有订有仲裁条款或者事后没有达成书面仲裁协议的，可以向人民法院起诉。

第二百八十九条　当事人申请采取保全的，中华人民共和国的涉外仲裁机构应当将当事人的申请，提交被申请人住所地或者财产所在地的中级人民法院裁定。

第二百九十条 经中华人民共和国涉外仲裁机构裁决的,当事人不得向人民法院起诉。一方当事人不履行仲裁裁决的,对方当事人可以向被申请人住所地或者财产所在地的中级人民法院申请执行。

第二百九十一条 对中华人民共和国涉外仲裁机构作出的裁决,被申请人提出证据证明仲裁裁决有下列情形之一的,经人民法院组成合议庭审查核实,裁定不予执行:

(一)当事人在合同中没有订有仲裁条款或者事后没有达成书面仲裁协议的;

(二)被申请人没有得到指定仲裁员或者进行仲裁程序的通知,或者由于其他不属于被申请人负责的原因未能陈述意见的;

(三)仲裁庭的组成或者仲裁的程序与仲裁规则不符的;

(四)裁决的事项不属于仲裁协议的范围或者仲裁机构无权仲裁的。

人民法院认定执行该裁决违背社会公共利益的,裁定不予执行。

第二百九十二条 仲裁裁决被人民法院裁定不予执行的,当事人可以根据双方达成的书面仲裁协议重新申请仲裁,也可以向人民法院起诉。

第二百九十七条 人民法院作出的发生法律效力的判决、裁定,如果被执行人或者其财产不在中华人民共和国领域内,当事人请求执行的,可以由当事人直接向有管辖权的外国法院申请承认和执行,也可以由人民法院依照中华人民共和国缔结或者参加的国际条约的规定,或者按照互惠原则,请求外国法院承认和执行。

在中华人民共和国领域内依法作出的发生法律效力的仲裁裁决,当事人请求执行的,如果被执行人或者其财产不在中华人民共和国领域内,当事人可以直接向有管辖权的外国法院申请承认和执行。

第三百零四条 在中华人民共和国领域外作出的发生法律效力的仲裁裁决,需要人民法院承认和执行的,当事人可以直接向被执行人住所地或者其财产所在地的中级人民法院申请。被执行人住所地或者其财产不在中华人民共和国领域内的,当事人可以向申请人住所地或者与裁决的纠纷有适当联系的地点的中级人民法院申请。人民法院应当依照中华人民共和国缔结或者参加的国际条约,或者按照互惠原则办理。

最高人民法院关于适用《中华人民共和国仲裁法》若干问题的解释[①]

（2005 年 12 月 26 日最高人民法院审判委员会第 1375 次会议通过　2006 年 8 月 23 日公布　法释〔2006〕7 号　自 2006 年 9 月 8 日起施行）

根据《中华人民共和国仲裁法》和《中华人民共和国民事诉讼法》等法律规定，对人民法院审理涉及仲裁案件适用法律的若干问题作如下解释：

第一条　仲裁法第十六条[②]规定的“其他书面形式”的仲裁协议，包括以合同书、信件和数据电文（包括电报、电传、传真、电子数据交换和电子邮件）等形式达成的请求仲裁的协议。

第二条　当事人概括约定仲裁事项为合同争议的，基于合同成立、效力、变更、转让、履行、违约责任、解释、解除等产生的纠纷都可以认定为仲裁事项。

第三条　仲裁协议约定的仲裁机构名称不准确，但能够确定具体的仲裁机构的，应当认定选定了仲裁机构。

第四条　仲裁协议仅约定纠纷适用的仲裁规则的，视为未约定仲裁机构，但当事人达成补充协议或者按照约定的仲裁规则能够确定仲裁机构的除外。

第五条　仲裁协议约定两个以上仲裁机构的，当事人可以协议选择其中

---

① 本书收录的文本，系根据《最高人民法院关于调整司法解释等文件中引用〈中华人民共和国民事诉讼法〉条文序号的决定》（法释〔2008〕18 号）修改后的文本。

② 对应 2025 年《仲裁法》第 27 条。——编者注，下同。

的一个仲裁机构申请仲裁；当事人不能就仲裁机构选择达成一致的，仲裁协议无效。

第六条 仲裁协议约定由某地的仲裁机构仲裁且该地仅有一个仲裁机构的，该仲裁机构视为约定的仲裁机构。该地有两个以上仲裁机构的，当事人可以协议选择其中的一个仲裁机构申请仲裁；当事人不能就仲裁机构选择达成一致的，仲裁协议无效。

第七条 当事人约定争议可以向仲裁机构申请仲裁也可以向人民法院起诉的，仲裁协议无效。但一方向仲裁机构申请仲裁，另一方未在仲裁法第二十条第二款①规定期间内提出异议的除外。

第八条 当事人订立仲裁协议后合并、分立的，仲裁协议对其权利义务的继受人有效。

当事人订立仲裁协议后死亡的，仲裁协议对承继其仲裁事项中的权利义务的继承人有效。

前两款规定情形，当事人订立仲裁协议时另有约定的除外。

第九条 债权债务全部或者部分转让的，仲裁协议对受让人有效，但当事人另有约定、在受让债权债务时受让人明确反对或者不知有单独仲裁协议的除外。

第十条 合同成立后未生效或者被撤销的，仲裁协议效力的认定适用仲裁法第十九条第一款②的规定。

当事人在订立合同时就争议达成仲裁协议的，合同未成立不影响仲裁协议的效力。

第十一条 合同约定解决争议适用其他合同、文件中的有效仲裁条款的，发生合同争议时，当事人应当按照该仲裁条款提请仲裁。

涉外合同应当适用的有关国际条约中有仲裁规定的，发生合同争议时，当事人应当按照国际条约中的仲裁规定提请仲裁。

第十二条 当事人向人民法院申请确认仲裁协议效力的案件，由仲裁协议约定的仲裁机构所在地的中级人民法院管辖；仲裁协议约定的仲裁机构不明确的，由仲裁协议签订地或者被申请人住所地的中级人民法院管辖。

申请确认涉外仲裁协议效力的案件，由仲裁协议约定的仲裁机构所在

---

① 对应 2025 年《仲裁法》第 31 条第 2 款。

② 对应 2025 年《仲裁法》第 30 条第 1 款。

地、仲裁协议签订地、申请人或者被申请人住所地的中级人民法院管辖。

涉及海事海商纠纷仲裁协议效力的案件，由仲裁协议约定的仲裁机构所在地、仲裁协议签订地、申请人或者被申请人住所地的海事法院管辖；上述地点没有海事法院的，由就近的海事法院管辖。

第十三条　依照仲裁法第二十条第二款①的规定，当事人在仲裁庭首次开庭前没有对仲裁协议的效力提出异议，而后向人民法院申请确认仲裁协议无效的，人民法院不予受理。

仲裁机构对仲裁协议的效力作出决定后，当事人向人民法院申请确认仲裁协议效力或者申请撤销仲裁机构的决定的，人民法院不予受理。

第十四条　仲裁法第二十六条②规定的“首次开庭”是指答辩期满后人民法院组织的第一次开庭审理，不包括审前程序中的各项活动。

第十五条　人民法院审理仲裁协议效力确认案件，应当组成合议庭进行审查，并询问当事人。

第十六条　对涉外仲裁协议的效力审查，适用当事人约定的法律；当事人没有约定适用的法律但约定了仲裁地的，适用仲裁地法律；没有约定适用的法律也没有约定仲裁地或者仲裁地约定不明的，适用法院地法律。

第十七条　当事人以不属于仲裁法第五十八条③或者民事诉讼法第二百五十八条④规定的事由申请撤销仲裁裁决的，人民法院不予支持。

第十八条　仲裁法第五十八条第一款第一项⑤规定的“没有仲裁协议”是指当事人没有达成仲裁协议。仲裁协议被认定无效或者被撤销的，视为没有仲裁协议。

第十九条　当事人以仲裁裁决事项超出仲裁协议范围为由申请撤销仲裁裁决，经审查属实的，人民法院应当撤销仲裁裁决中的超裁部分。但超裁部分与其他裁决事项不可分的，人民法院应当撤销仲裁裁决。

---

① 对应 2025 年《仲裁法》第 31 条第 2 款。

② 对应 2025 年《仲裁法》第 37 条。

③ 对应 2025 年《仲裁法》第 71 条。

④ 对应 2023 年《民事诉讼法》第 291 条。

⑤ 对应 2025 年《仲裁法》第 71 条第 1 款第 1 项。

第二十条　仲裁法第五十八条①规定的“违反法定程序”，是指违反仲裁法规定的仲裁程序和当事人选择的仲裁规则可能影响案件正确裁决的情形。

第二十一条　当事人申请撤销国内仲裁裁决的案件属于下列情形之一的，人民法院可以依照仲裁法第六十一条②的规定通知仲裁庭在一定期限内重新仲裁：

(一)仲裁裁决所根据的证据是伪造的；

(二)对方当事人隐瞒了足以影响公正裁决的证据的。

人民法院应当在通知中说明要求重新仲裁的具体理由。

第二十二条　仲裁庭在人民法院指定的期限内开始重新仲裁的，人民法院应当裁定终结撤销程序；未开始重新仲裁的，人民法院应当裁定恢复撤销程序。

第二十三条　当事人对重新仲裁裁决不服的，可以在重新仲裁裁决书送达之日起六个月内依据仲裁法第五十八条③规定向人民法院申请撤销。

第二十四条　当事人申请撤销仲裁裁决的案件，人民法院应当组成合议庭审理，并询问当事人。

第二十五条　人民法院受理当事人撤销仲裁裁决的申请后，另一方当事人申请执行同一仲裁裁决的，受理执行申请的人民法院应当在受理后裁定中止执行。

第二十六条　当事人向人民法院申请撤销仲裁裁决被驳回后，又在执行程序中以相同理由提出不予执行抗辩的，人民法院不予支持。

第二十七条　当事人在仲裁程序中未对仲裁协议的效力提出异议，在仲裁裁决作出后以仲裁协议无效为由主张撤销仲裁裁决或者提出不予执行抗辩的，人民法院不予支持。

当事人在仲裁程序中对仲裁协议的效力提出异议，在仲裁裁决作出后又以此为由主张撤销仲裁裁决或者提出不予执行抗辩，经审查符合仲裁法第五

---

① 对应2025年《仲裁法》第71条。

② 对应2025年《仲裁法》第74条。

③ 对应2025年《仲裁法》第71条。

十八条[1]或者民事诉讼法第二百一十三条[2]、第二百五十八条[3]规定的，人民法院应予支持。

第二十八条　当事人请求不予执行仲裁调解书或者根据当事人之间的和解协议作出的仲裁裁决书的，人民法院不予支持。

第二十九条　当事人申请执行仲裁裁决案件，由被执行人住所地或者被执行的财产所在地的中级人民法院管辖。

第三十条　根据审理撤销、执行仲裁裁决案件的实际需要，人民法院可以要求仲裁机构作出说明或者向相关仲裁机构调阅仲裁案卷。

人民法院在办理涉及仲裁的案件过程中作出的裁定，可以送相关的仲裁机构。

第三十一条　本解释自公布之日起实施。

本院以前发布的司法解释与本解释不一致的，以本解释为准。

最高人民法院关于适用《中华人民共和国民事诉讼法》的解释（节录）

［2014 年 12 月 18 日最高人民法院审判委员会第 1636 次会议通过、2015 年 1 月 30 日公布、自 2015 年 2 月 4 日起施行（法释〔2015〕5 号）　根据 2020 年 12 月 23 日最高人民法院审判委员会第 1823 次会议通过、2020 年 12 月 29 日公布、自 2021 年 1 月 1 日起施行的《最高人民法院关于修改〈最高人民法院关于人民法院民

① 对应 2025 年《仲裁法》第 71 条。
② 对应 2023 年《民事诉讼法》第 248 条。
③ 对应 2023 年《民事诉讼法》第 291 条。

事调解工作若干问题的规定〉等十九件民事诉讼类司法解释的决定》(法释〔2020〕20号)第一次修正　根据2022年3月22日最高人民法院审判委员会第1866次会议通过、2022年4月1日公布、自2022年4月10日起施行的《最高人民法院关于修改〈最高人民法院关于适用《中华人民共和国民事诉讼法》的解释〉的决定》(法释〔2022〕11号)第二次修正〕

第二百一十五条　依照民事诉讼法第一百二十七条第二项的规定,当事人在书面合同中订有仲裁条款,或者在发生纠纷后达成书面仲裁协议,一方向人民法院起诉的,人民法院应当告知原告向仲裁机构申请仲裁,其坚持起诉的,裁定不予受理,但仲裁条款或者仲裁协议不成立、无效、失效、内容不明确无法执行的除外。

第二百一十六条　在人民法院首次开庭前,被告以有书面仲裁协议为由对受理民事案件提出异议的,人民法院应当进行审查。

经审查符合下列情形之一的,人民法院应当裁定驳回起诉:

(一)仲裁机构或者人民法院已经确认仲裁协议有效的;

(二)当事人没有在仲裁庭首次开庭前对仲裁协议的效力提出异议的;

(三)仲裁协议符合仲裁法第十六条①规定且不具有仲裁法第十七条②规定情形的。

第四百七十五条　仲裁机构裁决的事项,部分有民事诉讼法第二百四十四条第二款、第三款规定情形的,人民法院应当裁定对该部分不予执行。

应当不予执行部分与其他部分不可分的,人民法院应当裁定不予执行仲裁裁决。

第五百二十九条　涉外合同或者其他财产权益纠纷的当事人,可以书面协议选择被告住所地、合同履行地、合同签订地、原告住所地、标的物所在地、侵权行为地等与争议有实际联系地点的外国法院管辖。

---

① 对应2025年《仲裁法》第27条。

② 对应2025年《仲裁法》第28条。

根据民事诉讼法第三十四条和第二百七十三条规定，属于中华人民共和国法院专属管辖的案件，当事人不得协议选择外国法院管辖，但协议选择仲裁的除外。

第五百三十八条 申请人向人民法院申请执行中华人民共和国涉外仲裁机构的裁决，应当提出书面申请，并附裁决书正本。如申请人为外国当事人，其申请书应当用中文文本提出。

第五百三十九条 人民法院强制执行涉外仲裁机构的仲裁裁决时，被执行人以有民事诉讼法第二百八十一条第一款规定的情形为由提出抗辩的，人民法院应当对被执行人的抗辩进行审查，并根据审查结果裁定执行或者不予执行。

第五百四十三条 对临时仲裁庭在中华人民共和国领域外作出的仲裁裁决，一方当事人向人民法院申请承认和执行的，人民法院应当依照民事诉讼法第二百九十条规定处理。

第五百四十四条 对外国法院作出的发生法律效力的判决、裁定或者外国仲裁裁决，需要中华人民共和国法院执行的，当事人应当先向人民法院申请承认。人民法院经审查，裁定承认后，再根据民事诉讼法第三编的规定予以执行。

当事人仅申请承认而未同时申请执行的，人民法院仅对应否承认进行审查并作出裁定。

第五百四十五条 当事人申请承认和执行外国法院作出的发生法律效力的判决、裁定或者外国仲裁裁决的期间，适用民事诉讼法第二百四十六条的规定。

当事人仅申请承认而未同时申请执行的，申请执行的期间自人民法院对承认申请作出的裁定生效之日起重新计算。

第五百四十六条 承认和执行外国法院作出的发生法律效力的判决、裁定或者外国仲裁裁决的案件，人民法院应当组成合议庭进行审查。

人民法院应当将申请书送达被申请人。被申请人可以陈述意见。

人民法院经审查作出的裁定，一经送达即发生法律效力。

最高人民法院关于审理仲裁司法审查案件若干问题的规定

（2017年12月4日最高人民法院审判委员会第1728次会议通过 2017年12月26日公布 法释〔2017〕22号 自2018年1月1日起施行）

为正确审理仲裁司法审查案件，依法保护各方当事人合法权益，根据《中华人民共和国民事诉讼法》《中华人民共和国仲裁法》等法律规定，结合审判实践，制定本规定。

第一条 本规定所称仲裁司法审查案件，包括下列案件：

（一）申请确认仲裁协议效力案件；

（二）申请执行我国内地仲裁机构的仲裁裁决案件；

（三）申请撤销我国内地仲裁机构的仲裁裁决案件；

（四）申请认可和执行香港特别行政区、澳门特别行政区、台湾地区仲裁裁决案件；

（五）申请承认和执行外国仲裁裁决案件；

（六）其他仲裁司法审查案件。

第二条 申请确认仲裁协议效力的案件，由仲裁协议约定的仲裁机构所在地、仲裁协议签订地、申请人住所地、被申请人住所地的中级人民法院或者专门人民法院管辖。

涉及海事海商纠纷仲裁协议效力的案件，由仲裁协议约定的仲裁机构所在地、仲裁协议签订地、申请人住所地、被申请人住所地的海事法院管辖；上述地点没有海事法院的，由就近的海事法院管辖。

第三条　外国仲裁裁决与人民法院审理的案件存在关联，被申请人住所地、被申请人财产所在地均不在我国内地，申请人申请承认外国仲裁裁决的，由受理关联案件的人民法院管辖。受理关联案件的人民法院为基层人民法院的，申请承认外国仲裁裁决的案件应当由该基层人民法院的上一级人民法院管辖。受理关联案件的人民法院是高级人民法院或者最高人民法院的，由上述法院决定自行审查或者指定中级人民法院审查。

外国仲裁裁决与我国内地仲裁机构审理的案件存在关联，被申请人住所地、被申请人财产所在地均不在我国内地，申请人申请承认外国仲裁裁决的，由受理关联案件的仲裁机构所在地的中级人民法院管辖。

第四条　申请人向两个以上有管辖权的人民法院提出申请的，由最先立案的人民法院管辖。

第五条　申请人向人民法院申请确认仲裁协议效力的，应当提交申请书及仲裁协议正本或者经证明无误的副本。

申请书应当载明下列事项：

（一）申请人或者被申请人为自然人的，应当载明其姓名、性别、出生日期、国籍及住所；为法人或者其他组织的，应当载明其名称、住所以及法定代表人或者代表人的姓名和职务；

（二）仲裁协议的内容；

（三）具体的请求和理由。

当事人提交的外文申请书、仲裁协议及其他文件，应当附有中文译本。

第六条　申请人向人民法院申请执行或者撤销我国内地仲裁机构的仲裁裁决、申请承认和执行外国仲裁裁决的，应当提交申请书及裁决书正本或者经证明无误的副本。

申请书应当载明下列事项：

（一）申请人或者被申请人为自然人的，应当载明其姓名、性别、出生日期、国籍及住所；为法人或者其他组织的，应当载明其名称、住所以及法定代表人或者代表人的姓名和职务；

（二）裁决书的主要内容及生效日期；

（三）具体的请求和理由。

当事人提交的外文申请书、裁决书及其他文件，应当附有中文译本。

第七条　申请人提交的文件不符合第五条、第六条的规定，经人民法院释明后提交的文件仍然不符合规定的，裁定不予受理。

申请人向对案件不具有管辖权的人民法院提出申请，人民法院应当告知其向有管辖权的人民法院提出申请，申请人仍不变更申请的，裁定不予受理。

申请人对不予受理的裁定不服的，可以提起上诉。

第八条 人民法院立案后发现不符合受理条件的，裁定驳回申请。

前款规定的裁定驳回申请的案件，申请人再次申请并符合受理条件的，人民法院应予受理。

当事人对驳回申请的裁定不服的，可以提起上诉。

第九条 对于申请人的申请，人民法院应当在七日内审查决定是否受理。

人民法院受理仲裁司法审查案件后，应当在五日内向申请人和被申请人发出通知书，告知其受理情况及相关的权利义务。

第十条 人民法院受理仲裁司法审查案件后，被申请人对管辖权有异议的，应当自收到人民法院通知之日起十五日内提出。人民法院对被申请人提出的异议，应当审查并作出裁定。当事人对裁定不服的，可以提起上诉。

在中华人民共和国领域内没有住所的被申请人对人民法院的管辖权有异议的，应当自收到人民法院通知之日起三十日内提出。

第十一条 人民法院审查仲裁司法审查案件，应当组成合议庭并询问当事人。

第十二条 仲裁协议或者仲裁裁决具有最高人民法院《关于适用〈中华人民共和国涉外民事关系法律适用法〉若干问题的解释(一)》第一条规定情形的，为涉外仲裁协议或者涉外仲裁裁决。

第十三条 当事人协议选择确认涉外仲裁协议效力适用的法律，应当作出明确的意思表示，仅约定合同适用的法律，不能作为确认合同中仲裁条款效力适用的法律。

第十四条 人民法院根据《中华人民共和国涉外民事关系法律适用法》第十八条的规定，确定确认涉外仲裁协议效力适用的法律时，当事人没有选择适用的法律，适用仲裁机构所在地的法律与适用仲裁地的法律将对仲裁协议的效力作出不同认定的，人民法院应当适用确认仲裁协议有效的法律。

第十五条 仲裁协议未约定仲裁机构和仲裁地，但根据仲裁协议约定适用的仲裁规则可以确定仲裁机构或者仲裁地的，应当认定其为《中华人民共和国涉外民事关系法律适用法》第十八条中规定的仲裁机构或者仲裁地。

第十六条 人民法院适用《承认及执行外国仲裁裁决公约》审查当事人申请承认和执行外国仲裁裁决案件时，被申请人以仲裁协议无效为由提出抗辩的，人民法院应当依照该公约第五条第一款（甲）项的规定，确定确认仲裁协议效力应当适用的法律。

第十七条 人民法院对申请执行我国内地仲裁机构作出的非涉外仲裁裁决案件的审查，适用《中华人民共和国民事诉讼法》第二百三十七条①的规定。

人民法院对申请执行我国内地仲裁机构作出的涉外仲裁裁决案件的审查，适用《中华人民共和国民事诉讼法》第二百七十四条②的规定。

第十八条 《中华人民共和国仲裁法》第五十八条第一款第六项③和《中华人民共和国民事诉讼法》第二百三十七条④第二款第六项规定的仲裁员在仲裁该案时有索贿受贿，徇私舞弊，枉法裁决行为，是指已经由生效刑事法律文书或者纪律处分决定所确认的行为。

第十九条 人民法院受理仲裁司法审查案件后，作出裁定前，申请人请求撤回申请的，裁定准许。

第二十条 人民法院在仲裁司法审查案件中作出的裁定，除不予受理、驳回申请、管辖权异议的裁定外，一经送达即发生法律效力。当事人申请复议、提出上诉或者申请再审的，人民法院不予受理，但法律和司法解释另有规定的除外。

第二十一条 人民法院受理的申请确认涉及香港特别行政区、澳门特别行政区、台湾地区仲裁协议效力的案件，申请执行或者撤销我国内地仲裁机构作出的涉及香港特别行政区、澳门特别行政区、台湾地区仲裁裁决的案件，参照适用涉外仲裁司法审查案件的规定审查。

第二十二条 本规定自 2018 年 1 月 1 日起施行，本院以前发布的司法解释与本规定不一致的，以本规定为准。

---

① 对应 2023 年《民事诉讼法》第 248 条。

② 对应 2023 年《民事诉讼法》第 291 条。

③ 对应 2025 年《仲裁法》第 71 条第 1 款第 6 项。

④ 对应 2023 年《民事诉讼法》第 248 条。

最高人民法院关于人民法院办理仲裁裁决执行案件若干问题的规定

(2018 年 1 月 5 日最高人民法院审判委员会第 1730 次会议通过　2018 年 2 月 22 日公布　法释〔2018〕5 号　自 2018 年 3 月 1 日起施行)

为了规范人民法院办理仲裁裁决执行案件,依法保护当事人、案外人的合法权益,根据《中华人民共和国民事诉讼法》《中华人民共和国仲裁法》等法律规定,结合人民法院执行工作实际,制定本规定。

第一条　本规定所称的仲裁裁决执行案件,是指当事人申请人民法院执行仲裁机构依据仲裁法作出的仲裁裁决或者仲裁调解书的案件。

第二条　当事人对仲裁机构作出的仲裁裁决或者仲裁调解书申请执行的,由被执行人住所地或者被执行的财产所在地的中级人民法院管辖。

符合下列条件的,经上级人民法院批准,中级人民法院可以参照民事诉讼法第三十八条的规定指定基层人民法院管辖:

(一)执行标的额符合基层人民法院一审民商事案件级别管辖受理范围;

(二)被执行人住所地或者被执行的财产所在地在被指定的基层人民法院辖区内。

被执行人、案外人对仲裁裁决执行案件申请不予执行的,负责执行的中级人民法院应当另行立案审查处理;执行案件已指定基层人民法院管辖的,应当于收到不予执行申请后三日内移送原执行法院另行立案审查处理。

第三条　仲裁裁决或者仲裁调解书执行内容具有下列情形之一导致无

法执行的，人民法院可以裁定驳回执行申请；导致部分无法执行的，可以裁定驳回该部分的执行申请；导致部分无法执行且该部分与其他部分不可分的，可以裁定驳回执行申请。

（一）权利义务主体不明确；

（二）金钱给付具体数额不明确或者计算方法不明确导致无法计算出具体数额；

（三）交付的特定物不明确或者无法确定；

（四）行为履行的标准、对象、范围不明确。

仲裁裁决或者仲裁调解书仅确定继续履行合同，但对继续履行的权利义务，以及履行的方式、期限等具体内容不明确，导致无法执行的，依照前款规定处理。

第四条　对仲裁裁决主文或者仲裁调解书中的文字、计算错误以及仲裁庭已经认定但在裁决主文中遗漏的事项，可以补正或说明的，人民法院应当书面告知仲裁庭补正或说明，或者向仲裁机构调阅仲裁案卷查明。仲裁庭不补正也不说明，且人民法院调阅仲裁案卷后执行内容仍然不明确具体无法执行的，可以裁定驳回执行申请。

第五条　申请执行人对人民法院依照本规定第三条、第四条作出的驳回执行申请裁定不服的，可以自裁定送达之日起十日内向上一级人民法院申请复议。

第六条　仲裁裁决或者仲裁调解书确定交付的特定物确已毁损或者灭失的，依照《最高人民法院关于适用〈中华人民共和国民事诉讼法〉的解释》第四百九十四条[①]的规定处理。

第七条　被执行人申请撤销仲裁裁决并已由人民法院受理的，或者被执行人、案外人对仲裁裁决执行案件提出不予执行申请并提供适当担保的，执行法院应当裁定中止执行。中止执行期间，人民法院应当停止处分性措施，但申请执行人提供充分、有效的担保请求继续执行的除外；执行标的查封、扣押、冻结期限届满前，人民法院可以根据当事人申请或者依职权办理续行查封、扣押、冻结手续。

---

①　对应2022年《最高人民法院关于适用〈中华人民共和国民事诉讼法〉的解释》第492条。

申请撤销仲裁裁决、不予执行仲裁裁决案件司法审查期间，当事人、案外人申请对已查封、扣押、冻结之外的财产采取保全措施的，负责审查的人民法院参照民事诉讼法第一百条①的规定处理。司法审查后仍需继续执行的，保全措施自动转为执行中的查封、扣押、冻结措施；采取保全措施的人民法院与执行法院不一致的，应当将保全手续移送执行法院，保全裁定视为执行法院作出的裁定。

第八条 被执行人向人民法院申请不予执行仲裁裁决的，应当在执行通知书送达之日起十五日内提出书面申请；有民事诉讼法第二百三十七条②第二款第四、六项规定情形且执行程序尚未终结的，应当自知道或者应当知道有关事实或案件之日起十五日内提出书面申请。

本条前款规定期限届满前，被执行人已向有管辖权的人民法院申请撤销仲裁裁决且已被受理的，自人民法院驳回撤销仲裁裁决申请的裁判文书生效之日起重新计算期限。

第九条 案外人向人民法院申请不予执行仲裁裁决或者仲裁调解书的，应当提交申请书以及证明其请求成立的证据材料，并符合下列条件：

（一）有证据证明仲裁案件当事人恶意申请仲裁或者虚假仲裁，损害其合法权益；

（二）案外人主张的合法权益所涉及的执行标的尚未执行终结；

（三）自知道或者应当知道人民法院对该标的采取执行措施之日起三十日内提出。

第十条 被执行人申请不予执行仲裁裁决，对同一仲裁裁决的多个不予执行事由应当一并提出。不予执行仲裁裁决申请被裁定驳回后，再次提出申请的，人民法院不予审查，但有新证据证明存在民事诉讼法第二百三十七条③第二款第四、六项规定情形的除外。

第十一条 人民法院对不予执行仲裁裁决案件应当组成合议庭围绕被执行人申请的事由、案外人的申请进行审查；对被执行人没有申请的事由不予审查，但仲裁裁决可能违背社会公共利益的除外。

---

① 对应2023年《民事诉讼法》第103条。

② 对应2023年《民事诉讼法》第248条。

③ 对应2023年《民事诉讼法》第248条。

被执行人、案外人对仲裁裁决执行案件申请不予执行的，人民法院应当进行询问；被执行人在询问终结前提出其他不予执行事由的，应当一并审查。人民法院审查时，认为必要的，可以要求仲裁庭作出说明，或者向仲裁机构调阅仲裁案卷。

第十二条　人民法院对不予执行仲裁裁决案件的审查，应当在立案之日起两个月内审查完毕并作出裁定；有特殊情况需要延长的，经本院院长批准，可以延长一个月。

第十三条　下列情形经人民法院审查属实的，应当认定为民事诉讼法第二百三十七条①第二款第二项规定的"裁决的事项不属于仲裁协议的范围或者仲裁机构无权仲裁的"情形：

（一）裁决的事项超出仲裁协议约定的范围；

（二）裁决的事项属于依照法律规定或者当事人选择的仲裁规则规定的不可仲裁事项；

（三）裁决内容超出当事人仲裁请求的范围；

（四）作出裁决的仲裁机构非仲裁协议所约定。

第十四条　违反仲裁法规定的仲裁程序、当事人选择的仲裁规则或者当事人对仲裁程序的特别约定，可能影响案件公正裁决，经人民法院审查属实的，应当认定为民事诉讼法第二百三十七条②第二款第三项规定的"仲裁庭的组成或者仲裁的程序违反法定程序的"情形。

当事人主张未按照仲裁法或仲裁规则规定的方式送达法律文书导致其未能参与仲裁，或者仲裁员根据仲裁法或仲裁规则的规定应当回避而未回避，可能影响公正裁决，经审查属实的，人民法院应当支持；仲裁庭按照仲裁法或仲裁规则以及当事人约定的方式送达仲裁法律文书，当事人主张不符合民事诉讼法有关送达规定的，人民法院不予支持。

适用的仲裁程序或仲裁规则经特别提示，当事人知道或者应当知道法定仲裁程序或选择的仲裁规则未被遵守，但仍然参加或者继续参加仲裁程序且未提出异议，在仲裁裁决作出之后以违反法定程序为由申请不予执行仲裁裁决的，人民法院不予支持。

---

①　对应2023年《民事诉讼法》第248条。

②　对应2023年《民事诉讼法》第248条。

第十五条　符合下列条件的，人民法院应当认定为民事诉讼法第二百三十七条①第二款第四项规定的"裁决所根据的证据是伪造的"情形：

（一）该证据已被仲裁裁决采信；

（二）该证据属于认定案件基本事实的主要证据；

（三）该证据经查明确属通过捏造、变造、提供虚假证明等非法方式形成或者获取，违反证据的客观性、关联性、合法性要求。

第十六条　符合下列条件的，人民法院应当认定为民事诉讼法第二百三十七条②第二款第五项规定的"对方当事人向仲裁机构隐瞒了足以影响公正裁决的证据的"情形：

（一）该证据属于认定案件基本事实的主要证据；

（二）该证据仅为对方当事人掌握，但未向仲裁庭提交；

（三）仲裁过程中知悉存在该证据，且要求对方当事人出示或者请求仲裁庭责令其提交，但对方当事人无正当理由未予出示或者提交。

当事人一方在仲裁过程中隐瞒己方掌握的证据，仲裁裁决作出后以己方所隐瞒的证据足以影响公正裁决为由申请不予执行仲裁裁决的，人民法院不予支持。

第十七条　被执行人申请不予执行仲裁调解书或者根据当事人之间的和解协议、调解协议作出的仲裁裁决，人民法院不予支持，但该仲裁调解书或者仲裁裁决违背社会公共利益的除外。

第十八条　案外人根据本规定第九条申请不予执行仲裁裁决或者仲裁调解书，符合下列条件的，人民法院应当支持：

（一）案外人系权利或者利益的主体；

（二）案外人主张的权利或者利益合法、真实；

（三）仲裁案件当事人之间存在虚构法律关系，捏造案件事实的情形；

（四）仲裁裁决主文或者仲裁调解书处理当事人民事权利义务的结果部分或者全部错误，损害案外人合法权益。

第十九条　被执行人、案外人对仲裁裁决执行案件逾期申请不予执行的，人民法院应当裁定不予受理；已经受理的，应当裁定驳回不予执行申请。

---

① 对应2023年《民事诉讼法》第248条。

② 对应2023年《民事诉讼法》第248条。

被执行人、案外人对仲裁裁决执行案件申请不予执行，经审查理由成立的，人民法院应当裁定不予执行；理由不成立的，应当裁定驳回不予执行申请。

第二十条　当事人向人民法院申请撤销仲裁裁决被驳回后，又在执行程序中以相同事由提出不予执行申请的，人民法院不予支持；当事人向人民法院申请不予执行被驳回后，又以相同事由申请撤销仲裁裁决的，人民法院不予支持。

在不予执行仲裁裁决案件审查期间，当事人向有管辖权的人民法院提出撤销仲裁裁决申请并被受理的，人民法院应当裁定中止对不予执行申请的审查；仲裁裁决被撤销或者决定重新仲裁的，人民法院应当裁定终结执行，并终结对不予执行申请的审查；撤销仲裁裁决申请被驳回或者申请执行人撤回撤销仲裁裁决申请的，人民法院应当恢复对不予执行申请的审查；被执行人撤回撤销仲裁裁决申请的，人民法院应当裁定终结对不予执行申请的审查，但案外人申请不予执行仲裁裁决的除外。

第二十一条　人民法院裁定驳回撤销仲裁裁决申请或者驳回不予执行仲裁裁决、仲裁调解书申请的，执行法院应当恢复执行。

人民法院裁定撤销仲裁裁决或者基于被执行人申请裁定不予执行仲裁裁决，原被执行人申请执行回转或者解除强制执行措施的，人民法院应当支持。原申请执行人对已履行或者被人民法院强制执行的款物申请保全的，人民法院应当依法准许；原申请执行人在人民法院采取保全措施之日起三十日内，未根据双方达成的书面仲裁协议重新申请仲裁或者向人民法院起诉的，人民法院应当裁定解除保全。

人民法院基于案外人申请裁定不予执行仲裁裁决或者仲裁调解书，案外人申请执行回转或者解除强制执行措施的，人民法院应当支持。

第二十二条　人民法院裁定不予执行仲裁裁决、驳回或者不予受理不予执行仲裁裁决申请后，当事人对该裁定提出执行异议或者申请复议的，人民法院不予受理。

人民法院裁定不予执行仲裁裁决的，当事人可以根据双方达成的书面仲裁协议重新申请仲裁，也可以向人民法院起诉。

人民法院基于案外人申请裁定不予执行仲裁裁决或者仲裁调解书，当事人不服的，可以自裁定送达之日起十日内向上一级人民法院申请复议；人民法院裁定驳回或者不予受理案外人提出的不予执行仲裁裁决、仲裁调解书申请，案外人不服的，可以自裁定送达之日起十日内向上一级人民法院申请复议。

第二十三条　本规定第八条、第九条关于对仲裁裁决执行案件申请不予执行的期限自本规定施行之日起重新计算。

第二十四条　本规定自2018年3月1日起施行，最高人民法院以前发布的司法解释与本规定不一致的，以本规定为准。

本规定施行前已经执行终结的执行案件，不适用本规定；本规定施行后尚未执行终结的执行案件，适用本规定。

最高人民法院关于仲裁司法审查案件报核问题的有关规定

［2017年11月20日最高人民法院审判委员会第1727次会议通过、2017年12月26日公布、自2018年1月1日起施行(法释〔2017〕21号)　根据2021年11月15日最高人民法院审判委员会第1850次会议通过、2021年12月24日公布、自2022年1月1日起施行的《最高人民法院关于修改〈最高人民法院关于仲裁司法审查案件报核问题的有关规定〉的决定》(法释〔2021〕21号)修正］

为正确审理仲裁司法审查案件，统一裁判尺度，依法保护当事人合法权益，保障仲裁发展，根据《中华人民共和国民事诉讼法》《中华人民共和国仲裁法》等法律规定，结合审判实践，制定本规定。

第一条　本规定所称仲裁司法审查案件，包括下列案件：

(一)申请确认仲裁协议效力案件；

(二)申请撤销我国内地仲裁机构的仲裁裁决案件；

（三）申请执行我国内地仲裁机构的仲裁裁决案件；

（四）申请认可和执行香港特别行政区、澳门特别行政区、台湾地区仲裁裁决案件；

（五）申请承认和执行外国仲裁裁决案件；

（六）其他仲裁司法审查案件。

第二条　各中级人民法院或者专门人民法院办理涉外涉港澳台仲裁司法审查案件，经审查拟认定仲裁协议无效，不予执行或者撤销我国内地仲裁机构的仲裁裁决，不予认可和执行香港特别行政区、澳门特别行政区、台湾地区仲裁裁决，不予承认和执行外国仲裁裁决，应当向本辖区所属高级人民法院报核；高级人民法院经审查拟同意的，应当向最高人民法院报核。待最高人民法院审核后，方可依最高人民法院的审核意见作出裁定。

各中级人民法院或者专门人民法院办理非涉外涉港澳台仲裁司法审查案件，经审查拟认定仲裁协议无效，不予执行或者撤销我国内地仲裁机构的仲裁裁决，应当向本辖区所属高级人民法院报核；待高级人民法院审核后，方可依高级人民法院的审核意见作出裁定。

第三条　本规定第二条第二款规定的非涉外涉港澳台仲裁司法审查案件，高级人民法院经审查，拟同意中级人民法院或者专门人民法院以违背社会公共利益为由不予执行或者撤销我国内地仲裁机构的仲裁裁决的，应当向最高人民法院报核，待最高人民法院审核后，方可依最高人民法院的审核意见作出裁定。

第四条　依据本规定第二条第二款由高级人民法院审核的案件，高级人民法院应当在作出审核意见之日起十五日内向最高人民法院报备。

第五条　下级人民法院报请上级人民法院审核的案件，应当将书面报告和案件卷宗材料一并上报。书面报告应当写明审查意见及具体理由。

第六条　上级人民法院收到下级人民法院的报核申请后，认为案件相关事实不清的，可以询问当事人或者退回下级人民法院补充查明事实后再报。

第七条　上级人民法院应当以复函的形式将审核意见答复下级人民法院。

第八条　在民事诉讼案件中，对于人民法院因涉及仲裁协议效力而作出的不予受理、驳回起诉、管辖权异议的裁定，当事人不服提起上诉，第二审人民法院经审查拟认定仲裁协议不成立、无效、失效、内容不明确无法执行的，须按照本规定第二条的规定逐级报核，待上级人民法院审核后，方可依上级人民法院的审核意见作出裁定。

第九条　本规定自2018年1月1日起施行,本院以前发布的司法解释与本规定不一致的,以本规定为准。

最高人民法院关于内地与香港特别行政区法院就仲裁程序相互协助保全的安排

(2019年3月25日最高人民法院审判委员会第1763次会议通过　2019年9月26日公布　法释〔2019〕14号　自2019年10月1日起生效)

根据《中华人民共和国香港特别行政区基本法》第九十五条的规定,最高人民法院与香港特别行政区政府经协商,现就内地与香港特别行政区法院关于仲裁程序相互协助保全作出如下安排:

第一条　本安排所称"保全",在内地包括财产保全、证据保全、行为保全;在香港特别行政区包括强制令以及其他临时措施,以在争议得以裁决之前维持现状或者恢复原状、采取行动防止目前或者即将对仲裁程序发生的危害或者损害,或者不采取可能造成这种危害或者损害的行动、保全资产或者保全对解决争议可能具有相关性和重要性的证据。

第二条　本安排所称"香港仲裁程序",应当以香港特别行政区为仲裁地,并且由以下机构或者常设办事处管理:

(一)在香港特别行政区设立或者总部设于香港特别行政区,并以香港特别行政区为主要管理地的仲裁机构;

(二)中华人民共和国加入的政府间国际组织在香港特别行政区设立的

争议解决机构或者常设办事处；

（三）其他仲裁机构在香港特别行政区设立的争议解决机构或者常设办事处，且该争议解决机构或者常设办事处满足香港特别行政区政府订立的有关仲裁案件宗数以及标的金额等标准。

以上机构或者常设办事处的名单由香港特别行政区政府向最高人民法院提供，并经双方确认。

第三条　香港仲裁程序的当事人，在仲裁裁决作出前，可以参照《中华人民共和国民事诉讼法》《中华人民共和国仲裁法》以及相关司法解释的规定，向被申请人住所地、财产所在地或者证据所在地的内地中级人民法院申请保全。被申请人住所地、财产所在地或者证据所在地在不同人民法院辖区的，应当选择向其中一个人民法院提出申请，不得分别向两个或者两个以上人民法院提出申请。

当事人在有关机构或者常设办事处受理仲裁申请后提出保全申请的，应当由该机构或者常设办事处转递其申请。

在有关机构或者常设办事处受理仲裁申请前提出保全申请，内地人民法院采取保全措施后三十日内未收到有关机构或者常设办事处提交的已受理仲裁案件的证明函件的，内地人民法院应当解除保全。

第四条　向内地人民法院申请保全的，应当提交下列材料：

（一）保全申请书；

（二）仲裁协议；

（三）身份证明材料：申请人为自然人的，应当提交身份证件复印件；申请人为法人或者非法人组织的，应当提交注册登记证书的复印件以及法定代表人或者负责人的身份证件复印件；

（四）在有关机构或者常设办事处受理仲裁案件后申请保全的，应当提交包含主要仲裁请求和所根据的事实与理由的仲裁申请文件以及相关证据材料、该机构或者常设办事处出具的已受理有关仲裁案件的证明函件；

（五）内地人民法院要求的其他材料。

身份证明材料系在内地以外形成的，应当依据内地相关法律规定办理证明手续。

向内地人民法院提交的文件没有中文文本的，应当提交准确的中文译本。

第五条　保全申请书应当载明下列事项：

（一）当事人的基本情况：当事人为自然人的，包括姓名、住所、身份证件信息、通讯方式等；当事人为法人或者非法人组织的，包括法人或者非法人组织的名称、住所以及法定代表人或者主要负责人的姓名、职务、住所、身份证件信息、通讯方式等；

（二）请求事项，包括申请保全财产的数额、申请行为保全的内容和期限等；

（三）请求所依据的事实、理由和相关证据，包括关于情况紧急，如不立即保全将会使申请人合法权益受到难以弥补的损害或者将使仲裁裁决难以执行的说明等；

（四）申请保全的财产、证据的明确信息或者具体线索；

（五）用于提供担保的内地财产信息或者资信证明；

（六）是否已在其他法院、有关机构或者常设办事处提出本安排所规定的申请和申请情况；

（七）其他需要载明的事项。

第六条　内地仲裁机构管理的仲裁程序的当事人，在仲裁裁决作出前，可以依据香港特别行政区《仲裁条例》《高等法院条例》，向香港特别行政区高等法院申请保全。

第七条　向香港特别行政区法院申请保全的，应当依据香港特别行政区相关法律规定，提交申请、支持申请的誓章、附同的证物、论点纲要以及法庭命令的草拟本，并应当载明下列事项：

（一）当事人的基本情况：当事人为自然人的，包括姓名、地址；当事人为法人或者非法人组织的，包括法人或者非法人组织的名称、地址以及法定代表人或者主要负责人的姓名、职务、通讯方式等；

（二）申请的事项和理由；

（三）申请标的所在地以及情况；

（四）被申请人就申请作出或者可能作出的回应以及说法；

（五）可能会导致法庭不批准所寻求的保全，或者不在单方面申请的情况下批准该保全的事实；

（六）申请人向香港特别行政区法院作出的承诺；

（七）其他需要载明的事项。

第八条　被请求方法院应当尽快审查当事人的保全申请。内地人民法院可以要求申请人提供担保等，香港特别行政区法院可以要求申请人作出承诺、就费用提供保证等。

经审查，当事人的保全申请符合被请求方法律规定的，被请求方法院应当作出保全裁定或者命令等。

第九条　当事人对被请求方法院的裁定或者命令等不服的，按被请求方相关法律规定处理。

第十条　当事人申请保全的，应当依据被请求方有关诉讼收费的法律和规定交纳费用。

第十一条　本安排不减损内地和香港特别行政区的仲裁机构、仲裁庭、当事人依据对方法律享有的权利。

最高人民法院关于内地与香港特别行政区相互执行仲裁裁决的补充安排

（2020年11月9日最高人民法院审判委员会第1815次会议通过
2020年11月26日公布　法释〔2020〕13号）

依据《最高人民法院关于内地与香港特别行政区相互执行仲裁裁决的安排》（以下简称《安排》）第十一条的规定，最高人民法院与香港特别行政区政府经协商，作出如下补充安排：

一、《安排》所指执行内地或者香港特别行政区仲裁裁决的程序，应解释为包括认可和执行内地或者香港特别行政区仲裁裁决的程序。

二、将《安排》序言及第一条修改为："根据《中华人民共和国香港特别行政区基本法》第九十五条的规定，经最高人民法院与香港特别行政区（以下简称香港特区）政府协商，现就仲裁裁决的相互执行问题作出如下安排：

"一、内地人民法院执行按香港特区《仲裁条例》作出的仲裁裁决,香港特区法院执行按《中华人民共和国仲裁法》作出的仲裁裁决,适用本安排。"

三、将《安排》第二条第三款修改为:"被申请人在内地和香港特区均有住所地或者可供执行财产的,申请人可以分别向两地法院申请执行。应对方法院要求,两地法院应当相互提供本方执行仲裁裁决的情况。两地法院执行财产的总额,不得超过裁决确定的数额。"

四、在《安排》第六条中增加一款作为第二款:"有关法院在受理执行仲裁裁决申请之前或者之后,可以依申请并按照执行地法律规定采取保全或者强制措施。"

五、本补充安排第一条、第四条自公布之日起施行,第二条、第三条在香港特别行政区完成有关程序后,由最高人民法院公布生效日期。①

最高人民法院关于内地与澳门特别行政区相互认可和执行仲裁裁决的安排

(2007年9月17日最高人民法院审判委员会第1437次会议通过　2007年12月12日公布　法释〔2007〕17号　自2008年1月1日起施行)

根据《中华人民共和国澳门特别行政区基本法》第九十三条的规定,经最高人民法院与澳门特别行政区协商,现就内地与澳门特别行政区相互认可

① 2021年5月18日最高人民法院公告:现香港特别行政区已完成有关程序,本司法解释第二条、第三条自2021年5月19日起施行。

和执行仲裁裁决的有关事宜达成如下安排：

第一条　内地人民法院认可和执行澳门特别行政区仲裁机构及仲裁员按照澳门特别行政区仲裁法规在澳门作出的民商事仲裁裁决，澳门特别行政区法院认可和执行内地仲裁机构依据《中华人民共和国仲裁法》在内地作出的民商事仲裁裁决，适用本安排。

本安排没有规定的，适用认可和执行地的程序法律规定。

第二条　在内地或者澳门特别行政区作出的仲裁裁决，一方当事人不履行的，另一方当事人可以向被申请人住所地、经常居住地或者财产所在地的有关法院申请认可和执行。

内地有权受理认可和执行仲裁裁决申请的法院为中级人民法院。两个或者两个以上中级人民法院均有管辖权的，当事人应当选择向其中一个中级人民法院提出申请。

澳门特别行政区有权受理认可仲裁裁决申请的法院为中级法院，有权执行的法院为初级法院。

第三条　被申请人的住所地、经常居住地或者财产所在地分别在内地和澳门特别行政区的，申请人可以向一地法院提出认可和执行申请，也可以分别向两地法院提出申请。

当事人分别向两地法院提出申请的，两地法院都应当依法进行审查。予以认可的，采取查封、扣押或者冻结被执行人财产等执行措施。仲裁地法院应当先进行执行清偿；另一地法院在收到仲裁地法院关于经执行债权未获清偿情况的证明后，可以对申请人未获清偿的部分进行执行清偿。两地法院执行财产的总额，不得超过依据裁决和法律规定所确定的数额。

第四条　申请人向有关法院申请认可和执行仲裁裁决的，应当提交以下文件或者经公证的副本：

（一）申请书；

（二）申请人身份证明；

（三）仲裁协议；

（四）仲裁裁决书或者仲裁调解书。

上述文件没有中文文本的，申请人应当提交经正式证明的中文译本。

第五条　申请书应当包括下列内容：

（一）申请人或者被申请人为自然人的，应当载明其姓名及住所；为法人或者其他组织的，应当载明其名称及住所，以及其法定代表人或者主要负责人的姓名、职务和住所；申请人是外国籍法人或者其他组织的，应当提交相应的公证和认证材料；

（二）请求认可和执行的仲裁裁决书或者仲裁调解书的案号或识别资料和生效日期；

（三）申请认可和执行仲裁裁决的理由及具体请求，以及被申请人财产所在地、财产状况及该仲裁裁决的执行情况。

第六条 申请人向有关法院申请认可和执行内地或者澳门特别行政区仲裁裁决的期限，依据认可和执行地的法律确定。

第七条 对申请认可和执行的仲裁裁决，被申请人提出证据证明有下列情形之一的，经审查核实，有关法院可以裁定不予认可：

（一）仲裁协议一方当事人依对其适用的法律在订立仲裁协议时属于无行为能力的；或者依当事人约定的准据法，或当事人没有约定适用的准据法而依仲裁地法律，该仲裁协议无效的；

（二）被申请人未接到选任仲裁员或者进行仲裁程序的适当通知，或者因他故未能陈述意见的；

（三）裁决所处理的争议不是提交仲裁的争议，或者不在仲裁协议范围之内；或者裁决载有超出当事人提交仲裁范围的事项的决定，但裁决中超出提交仲裁范围的事项的决定与提交仲裁事项的决定可以分开的，裁决中关于提交仲裁事项的决定部分可以予以认可；

（四）仲裁庭的组成或者仲裁程序违反了当事人的约定，或者在当事人没有约定时与仲裁地的法律不符的；

（五）裁决对当事人尚无约束力，或者业经仲裁地的法院撤销或者拒绝执行的。

有关法院认定，依执行地法律，争议事项不能以仲裁解决的，不予认可和执行该裁决。

内地法院认定在内地认可和执行该仲裁裁决违反内地法律的基本原则或者社会公共利益，澳门特别行政区法院认定在澳门特别行政区认可和执行该仲裁裁决违反澳门特别行政区法律的基本原则或者公共秩序，不予认可和执行该裁决。

第八条 申请人依据本安排申请认可和执行仲裁裁决的，应当根据执行地法律的规定,交纳诉讼费用。

第九条 一方当事人向一地法院申请执行仲裁裁决,另一方当事人向另一地法院申请撤销该仲裁裁决,被执行人申请中止执行且提供充分担保的,执行法院应当中止执行。

根据经认可的撤销仲裁裁决的判决、裁定,执行法院应当终结执行程序;撤销仲裁裁决申请被驳回的,执行法院应当恢复执行。

当事人申请中止执行的,应当向执行法院提供其他法院已经受理申请撤销仲裁裁决案件的法律文书。

第十条 受理申请的法院应当尽快审查认可和执行的请求,并作出裁定。

第十一条 法院在受理认可和执行仲裁裁决申请之前或者之后,可以依当事人的申请,按照法院地法律规定,对被申请人的财产采取保全措施。

第十二条 由一方有权限公共机构(包括公证员)作成的文书正本或者经公证的文书副本及译本,在适用本安排时,可以免除认证手续在对方使用。

第十三条 本安排实施前,当事人提出的认可和执行仲裁裁决的请求,不适用本安排。

自1999年12月20日至本安排实施前,澳门特别行政区仲裁机构及仲裁员作出的仲裁裁决,当事人向内地申请认可和执行的期限,自本安排实施之日起算。

第十四条 为执行本安排,最高人民法院和澳门特别行政区终审法院应当相互提供相关法律资料。

最高人民法院和澳门特别行政区终审法院每年相互通报执行本安排的情况。

第十五条 本安排在执行过程中遇有问题或者需要修改的,由最高人民法院和澳门特别行政区协商解决。

第十六条 本安排自2008年1月1日起实施。

最高人民法院关于内地与澳门特别行政区就仲裁程序相互协助保全的安排

（2022年2月15日最高人民法院审判委员会第1864次会议通过　2022年2月24日公布　法释〔2022〕7号　自2022年3月25日起施行）

根据《中华人民共和国澳门特别行政区基本法》第九十三条的规定，经最高人民法院与澳门特别行政区协商，现就内地与澳门特别行政区关于仲裁程序相互协助保全作出如下安排。

第一条　本安排所称"保全"，在内地包括财产保全、证据保全、行为保全；在澳门特别行政区包括为确保受威胁的权利得以实现而采取的保存或者预行措施。

第二条　按照澳门特别行政区仲裁法规向澳门特别行政区仲裁机构提起民商事仲裁程序的当事人，在仲裁裁决作出前，可以参照《中华人民共和国民事诉讼法》《中华人民共和国仲裁法》以及相关司法解释的规定，向被申请人住所地、财产所在地或者证据所在地的内地中级人民法院申请保全。被申请人住所地、财产所在地或者证据所在地在不同人民法院辖区的，应当选择向其中一个人民法院提出申请，不得分别向两个或者两个以上人民法院提出申请。

在仲裁机构受理仲裁案件前申请保全，内地人民法院采取保全措施后三十日内未收到仲裁机构已受理仲裁案件的证明函件的，内地人民法院应当解除保全。

第三条 向内地人民法院申请保全的,应当提交下列材料:

(一)保全申请书;

(二)仲裁协议;

(三)身份证明材料:申请人为自然人的,应当提交身份证件复印件;申请人为法人或者非法人组织的,应当提交注册登记证书的复印件以及法定代表人或者负责人的身份证件复印件;

(四)在仲裁机构受理仲裁案件后申请保全的,应当提交包含主要仲裁请求和所根据的事实与理由的仲裁申请文件以及相关证据材料、仲裁机构出具的已受理有关仲裁案件的证明函件;

(五)内地人民法院要求的其他材料。

身份证明材料系在内地以外形成的,应当依据内地相关法律规定办理证明手续。

向内地人民法院提交的文件没有中文文本的,应当提交中文译本。

第四条 向内地人民法院提交的保全申请书应当载明下列事项:

(一)当事人的基本情况:当事人为自然人的,包括姓名、住所、身份证件信息、通讯方式等;当事人为法人或者非法人组织的,包括法人或者非法人组织的名称、住所以及法定代表人或者主要负责人的姓名、职务、住所、身份证件信息、通讯方式等;

(二)请求事项,包括申请保全财产的数额、申请行为保全的内容和期限等;

(三)请求所依据的事实、理由和相关证据,包括关于情况紧急,如不立即保全将会使申请人合法权益受到难以弥补的损害或者将使仲裁裁决难以执行的说明等;

(四)申请保全的财产、证据的明确信息或者具体线索;

(五)用于提供担保的内地财产信息或者资信证明;

(六)是否已提出其他保全申请以及保全情况;

(七)其他需要载明的事项。

第五条 依据《中华人民共和国仲裁法》向内地仲裁机构提起民商事仲裁程序的当事人,在仲裁裁决作出前,可以根据澳门特别行政区法律规定,向澳门特别行政区初级法院申请保全。

在仲裁机构受理仲裁案件前申请保全的,申请人应当在澳门特别行政区法律规定的期间内，采取开展仲裁程序的必要措施，否则该保全措施失效。申请人应当将已作出必要措施及作出日期的证明送交澳门特别行政区法院。

第六条　向澳门特别行政区法院申请保全的，须附同下列资料：

（一）仲裁协议；

（二）申请人或者被申请人为自然人的，应当载明其姓名以及住所；为法人或者非法人组织的，应当载明其名称、住所以及法定代表人或者主要负责人的姓名、职务和住所；

（三）请求的详细资料，尤其包括请求所依据的事实和法律理由、申请标的的情况、财产的详细资料、须保全的金额、申请行为保全的详细内容和期限以及附同相关证据，证明权利受威胁以及解释恐防受侵害的理由；

（四）在仲裁机构受理仲裁案件后申请保全的，应当提交该仲裁机构出具的已受理有关仲裁案件的证明；

（五）是否已提出其他保全申请以及保全情况；

（六）法院要求的其他资料。

如向法院提交的文件并非使用澳门特别行政区的其中一种正式语文，则申请人应当提交其中一种正式语文的译本。

第七条　被请求方法院应当尽快审查当事人的保全申请，可以按照被请求方法律规定要求申请人提供担保。

经审查，当事人的保全申请符合被请求方法律规定的，被请求方法院应当作出保全裁定。

第八条　当事人对被请求方法院的裁定不服的，按被请求方相关法律规定处理。

第九条　当事人申请保全的，应当根据被请求方法律的规定交纳费用。

第十条　本安排不减损内地和澳门特别行政区的仲裁机构、仲裁庭、仲裁员、当事人依据对方法律享有的权利。

第十一条　本安排在执行过程中遇有问题或者需要修改的，由最高人民法院和澳门特别行政区协商解决。

第十二条　本安排自2022年3月25日起施行。

最高人民法院关于认可和执行台湾地区仲裁裁决的规定

（2015年6月2日最高人民法院审判委员会第1653次会议通过　2015年6月29日公布　法释〔2015〕14号　自2015年7月1日起施行）

为保障海峡两岸当事人的合法权益，更好地适应海峡两岸关系和平发展的新形势，根据民事诉讼法、仲裁法等有关法律，总结人民法院涉台审判工作经验，就认可和执行台湾地区仲裁裁决，制定本规定。

第一条　台湾地区仲裁裁决的当事人可以根据本规定，作为申请人向人民法院申请认可和执行台湾地区仲裁裁决。

第二条　本规定所称台湾地区仲裁裁决是指，有关常设仲裁机构及临时仲裁庭在台湾地区按照台湾地区仲裁规定就有关民商事争议作出的仲裁裁决，包括仲裁判断、仲裁和解和仲裁调解。

第三条　申请人同时提出认可和执行台湾地区仲裁裁决申请的，人民法院先按照认可程序进行审查，裁定认可后，由人民法院执行机构执行。

申请人直接申请执行的，人民法院应当告知其一并提交认可申请；坚持不申请认可的，裁定驳回其申请。

第四条　申请认可台湾地区仲裁裁决的案件，由申请人住所地、经常居住地或者被申请人住所地、经常居住地、财产所在地中级人民法院或者专门人民法院受理。

申请人向两个以上有管辖权的人民法院申请认可的，由最先立案的人民法院管辖。

申请人向被申请人财产所在地人民法院申请认可的，应当提供财产存在的相关证据。

第五条 对申请认可台湾地区仲裁裁决的案件，人民法院应当组成合议庭进行审查。

第六条 申请人委托他人代理申请认可台湾地区仲裁裁决的，应当向人民法院提交由委托人签名或者盖章的授权委托书。

台湾地区、香港特别行政区、澳门特别行政区或者外国当事人签名或者盖章的授权委托书应当履行相关的公证、认证或者其他证明手续，但授权委托书在人民法院法官的见证下签署或者经中国大陆公证机关公证证明是在中国大陆签署的除外。

第七条 申请人申请认可台湾地区仲裁裁决，应当提交以下文件或者经证明无误的副本：

（一）申请书；

（二）仲裁协议；

（三）仲裁判断书、仲裁和解书或者仲裁调解书。

申请书应当记明以下事项：

（一）申请人和被申请人姓名、性别、年龄、职业、身份证件号码、住址（申请人或者被申请人为法人或者其他组织的，应当记明法人或者其他组织的名称、地址、法定代表人或者主要负责人姓名、职务）和通讯方式；

（二）申请认可的仲裁判断书、仲裁和解书或者仲裁调解书的案号或者识别资料和生效日期；

（三）请求和理由；

（四）被申请人财产所在地、财产状况及申请认可的仲裁裁决的执行情况；

（五）其他需要说明的情况。

第八条 对于符合本规定第四条和第七条规定条件的申请，人民法院应当在收到申请后七日内立案，并通知申请人和被申请人，同时将申请书送达被申请人；不符合本规定第四条和第七条规定条件的，应当在七日内裁定不予受理，同时说明不予受理的理由；申请人对裁定不服的，可以提起上诉。

第九条 申请人申请认可台湾地区仲裁裁决，应当提供相关证明文件，以证明该仲裁裁决的真实性。

申请人可以申请人民法院通过海峡两岸调查取证司法互助途径查明台湾地区仲裁裁决的真实性；人民法院认为必要时，也可以就有关事项依职权通过海峡两岸司法互助途径向台湾地区请求调查取证。

第十条　人民法院受理认可台湾地区仲裁裁决的申请之前或者之后，可以按照民事诉讼法及相关司法解释的规定，根据申请人的申请，裁定采取保全措施。

第十一条　人民法院受理认可台湾地区仲裁裁决的申请后，当事人就同一争议起诉的，不予受理。

当事人未申请认可，而是就同一争议向人民法院起诉的，亦不予受理，但仲裁协议无效的除外。

第十二条　人民法院受理认可台湾地区仲裁裁决的申请后，作出裁定前，申请人请求撤回申请的，可以裁定准许。

第十三条　人民法院应当尽快审查认可台湾地区仲裁裁决的申请，决定予以认可的，应当在立案之日起两个月内作出裁定；决定不予认可或者驳回申请的，应当在作出决定前按有关规定自立案之日起两个月内上报最高人民法院。

通过海峡两岸司法互助途径送达文书和调查取证的期间，不计入审查期限。

第十四条　对申请认可和执行的仲裁裁决，被申请人提出证据证明有下列情形之一的，经审查核实，人民法院裁定不予认可：

（一）仲裁协议一方当事人依对其适用的法律在订立仲裁协议时属于无行为能力的；或者依当事人约定的准据法，或当事人没有约定适用的准据法而依台湾地区仲裁规定，该仲裁协议无效的；或者当事人之间没有达成书面仲裁协议的，但申请认可台湾地区仲裁调解的除外；

（二）被申请人未接到选任仲裁员或进行仲裁程序的适当通知，或者由于其他不可归责于被申请人的原因而未能陈述意见的；

（三）裁决所处理的争议不是提交仲裁的争议，或者不在仲裁协议范围之内；或者裁决载有超出当事人提交仲裁范围的事项的决定，但裁决中超出提交仲裁范围的事项的决定与提交仲裁事项的决定可以分开的，裁决中关于提交仲裁事项的决定部分可以予以认可；

（四）仲裁庭的组成或者仲裁程序违反当事人的约定，或者在当事人没有约定时与台湾地区仲裁规定不符的；

（五）裁决对当事人尚无约束力，或者业经台湾地区法院撤销或者驳回执行申请的。

依据国家法律，该争议事项不能以仲裁解决的，或者认可该仲裁裁决将违反一个中国原则等国家法律的基本原则或损害社会公共利益的，人民法院应当裁定不予认可。

第十五条 人民法院经审查能够确认台湾地区仲裁裁决真实，而且不具有本规定第十四条所列情形的，裁定认可其效力；不能确认该仲裁裁决真实性的，裁定驳回申请。

裁定驳回申请的案件，申请人再次申请并符合受理条件的，人民法院应予受理。

第十六条 人民法院依据本规定第十四条和第十五条作出的裁定，一经送达即发生法律效力。

第十七条 一方当事人向人民法院申请认可或者执行台湾地区仲裁裁决，另一方当事人向台湾地区法院起诉撤销该仲裁裁决，被申请人申请中止认可或者执行并且提供充分担保的，人民法院应当中止认可或者执行程序。

申请中止认可或者执行的，应当向人民法院提供台湾地区法院已经受理撤销仲裁裁决案件的法律文书。

台湾地区法院撤销该仲裁裁决的，人民法院应当裁定不予认可或者裁定终结执行；台湾地区法院驳回撤销仲裁裁决请求的，人民法院应当恢复认可或者执行程序。

第十八条 对人民法院裁定不予认可的台湾地区仲裁裁决，申请人再次提出申请的，人民法院不予受理。但当事人可以根据双方重新达成的仲裁协议申请仲裁，也可以就同一争议向人民法院起诉。

第十九条 申请人申请认可和执行台湾地区仲裁裁决的期间，适用民事诉讼法第二百三十九条①的规定。

申请人仅申请认可而未同时申请执行的，申请执行的期间自人民法院对认可申请作出的裁定生效之日起重新计算。

---

① 对应2023年《民事诉讼法》第250条。

第二十条　人民法院在办理申请认可和执行台湾地区仲裁裁决案件中所作出的法律文书，应当依法送达案件当事人。

第二十一条　申请认可和执行台湾地区仲裁裁决，应当参照《诉讼费用交纳办法》的规定，交纳相关费用。

第二十二条　本规定自2015年7月1日起施行。

本规定施行前，根据《最高人民法院关于人民法院认可台湾地区有关法院民事判决的规定》（法释〔1998〕11号），人民法院已经受理但尚未审结的申请认可和执行台湾地区仲裁裁决的案件，适用本规定。

附录二　国内主要仲裁机构仲裁规则

中国国际经济贸易仲裁委员会
仲裁规则

（2023 年 9 月 2 日经中国国际贸易促进委员会/
中国国际商会修订并通过，自 2024 年 1 月 1 日起施行）

第一章　总　　则

第一条　仲裁委员会

（一）中国国际经济贸易仲裁委员会（以下简称“仲裁委员会”），原名中国国际贸易促进委员会对外贸易仲裁委员会、中国国际贸易促进委员会对外经济贸易仲裁委员会，同时使用“中国国际商会仲裁院”名称。

（二）当事人在仲裁协议中订明由中国国际贸易促进委员会/中国国际商会仲裁，或由中国国际贸易促进委员会/中国国际商会的仲裁委员会或仲裁院仲裁的，或使用仲裁委员会原名称为仲裁机构的，均视为同意由中国国际经济贸易仲裁委员会仲裁。

第二条　机构及职责

（一）仲裁委员会主任履行本规则赋予的职责。副主任根据主任的授权可以履行主任的职责。

（二）仲裁委员会设有仲裁院，在授权的副主任和仲裁院院长的领导下履行本规则规定的职责。

（三）仲裁委员会设在北京。仲裁委员会设有分会或仲裁中心（本规则附件一)。仲裁委员会的分会/仲裁中心是仲裁委员会的派出机构,根据仲裁委员会的授权,接受仲裁申请,管理仲裁案件。

(四)分会/仲裁中心设仲裁院,在分会/仲裁中心仲裁院院长的领导下履行本规则规定由仲裁委员会仲裁院履行的职责。

(五)案件由分会/仲裁中心管理的,本规则规定由仲裁委员会仲裁院院长履行的职责,由仲裁委员会仲裁院院长授权的分会/仲裁中心仲裁院院长履行。

(六)当事人可以约定将争议提交仲裁委员会或仲裁委员会分会/仲裁中心进行仲裁;约定由仲裁委员会进行仲裁的,由仲裁委员会仲裁院接受仲裁申请并管理案件;约定由分会/仲裁中心仲裁或约定开庭地、仲裁地在分会/仲裁中心所在省、自治区、直辖市辖域内的,由该分会/仲裁中心仲裁院接受仲裁申请并管理案件,当事人另有约定的除外。仲裁委员会仲裁院可根据案件具体情形授权并指定分会/仲裁中心管理相关案件。

约定的分会/仲裁中心不存在、被终止授权或约定不明的,由仲裁委员会仲裁院接受仲裁申请并管理案件。如有争议,由仲裁委员会作出决定。

(七)仲裁委员会可以根据当事人约定和请求为临时仲裁提供管理和辅助服务,包括并不限于提供适用仲裁规则的咨询指引性服务、指定仲裁员/决定仲裁员回避事宜、提供庭审服务、核阅裁决草稿、代为管理仲裁员报酬等仲裁服务,但当事人约定无法实施或与仲裁程序适用法强制性规定相抵触者除外。

第三条　受案范围

(一)仲裁委员会根据当事人的约定受理契约性或非契约性的经济贸易等争议案件。

(二)前款所述案件包括:

1. 国际或涉外争议案件;

2. 涉及香港特别行政区、澳门特别行政区及台湾地区的争议案件;

3. 国内争议案件。

第四条　规则的适用

(一)本规则统一适用于仲裁委员会及其分会/仲裁中心。

(二)当事人约定将争议提交仲裁委员会仲裁的,视为同意按照本规则进行仲裁。

（三）当事人约定将争议提交仲裁委员会仲裁但对本规则有关内容进行变更或约定适用其他仲裁规则的，从其约定，但其约定无法实施或与仲裁程序适用法强制性规定相抵触者除外。当事人约定适用其他仲裁规则的，由仲裁委员会履行相应的管理职责。

（四）当事人约定按照本规则进行仲裁但未约定仲裁机构的，视为同意将争议提交仲裁委员会仲裁。

（五）当事人约定适用仲裁委员会专业仲裁规则的，从其约定，但其争议不属于该专业仲裁规则适用范围的，适用本规则。

第五条 仲裁协议

（一）仲裁协议指当事人在合同中订明的仲裁条款或以其他方式达成的提交仲裁的书面协议。

（二）仲裁协议应当采取书面形式。书面形式包括合同书、信件、电报、电传、传真、电子数据交换和电子邮件等可以有形地表现所载内容的形式。在仲裁申请书和仲裁答辩书的交换中，一方当事人声称有仲裁协议而另一方当事人不作否认表示的，视为存在书面仲裁协议。

（三）仲裁协议的适用法对仲裁协议的形式及效力另有规定的，从其规定。

（四）合同中的仲裁条款应视为与合同其他条款分离的、独立存在的条款，附属于合同的仲裁协议也应视为与合同其他条款分离的、独立存在的一个部分；合同的变更、解除、终止、转让、失效、无效、未生效、被撤销以及成立与否，均不影响仲裁条款或仲裁协议的效力。

第六条 对仲裁协议及/或管辖权的异议

（一）仲裁委员会有权对仲裁协议的存在、效力以及仲裁案件的管辖权作出决定。仲裁庭组成后，仲裁委员会授权仲裁庭作出管辖权决定。

（二）仲裁委员会依表面证据认为存在有效仲裁协议并作出仲裁委员会有管辖权决定的，仲裁程序继续进行。仲裁委员会依表面证据作出的管辖权决定并不妨碍仲裁庭根据在审理过程中发现的与表面证据不一致的事实及/或证据重新作出管辖权决定。

（三）仲裁庭作出管辖权决定时，可以在仲裁程序进行中单独作出，也可以在裁决书中一并作出。

（四）当事人对仲裁协议及/或仲裁案件管辖权的异议，应当在仲裁庭首次开庭前书面提出；书面审理的案件，应当在第一次实体答辩前提出。仲裁程序适用法另有规定的，从其规定。

（五）对仲裁协议及/或仲裁案件管辖权提出异议不影响仲裁程序的继续进行。

（六）上述管辖权异议及/或决定包括仲裁案件主体资格异议及/或决定。

（七）仲裁委员会或仲裁庭作出无管辖权决定的，应当作出撤销案件的决定。撤案决定在仲裁庭组成前由仲裁委员会仲裁院院长作出，在仲裁庭组成后，由仲裁庭作出。

第七条　仲裁地

（一）当事人对仲裁地有约定的，从其约定。

（二）当事人对仲裁地未作约定或约定不明的，以管理案件的仲裁委员会或其分会/仲裁中心所在地为仲裁地；仲裁委员会也可视案件的具体情形确定其他地点为仲裁地。

（三）仲裁裁决视为在仲裁地作出。

第八条　送达及期限

（一）有关仲裁的一切文书、通知、材料（以下简称“仲裁文件”）等均可采用当面递交、挂号信、特快专递、传真、电子方式及其他任何能提供投递记录的通讯手段，或仲裁委员会仲裁院或仲裁庭认为适当的其他方式发送。电子方式送达包括向当事人约定/指定的电子邮箱、其他电子通讯地址，以及经由仲裁委员会信息化存储系统、各方可无障碍存取的信息系统等以电子形式送达仲裁文件。

（二）仲裁文件可优先采用电子方式送达。

（三）仲裁文件应发送当事人或其仲裁代理人自行提供的或当事人约定的地址，当事人或其仲裁代理人没有提供地址或当事人对地址没有约定的，按照对方当事人或其仲裁代理人提供的地址发送。

（四）向一方当事人或其仲裁代理人发送的仲裁文件，如经当面递交收件人或发送至收件人的营业地、注册地、住所地、惯常居住地或通讯地址，或经对方当事人合理查询不能找到上述任一地点，仲裁委员会仲裁院以挂号信或特快专递或能提供投递记录的包括公证送达、委托送达和留置送达在内的其他任何手段投递给收件人最后一个为人所知的营业地、注册地、住所地、惯常居住地或通讯地址,即视为有效送达。

(五)本规则所规定的期限,应自当事人收到或应当收到仲裁委员会仲裁院向其发送的仲裁文件之日的次日起计算。

第九条 诚实信用

仲裁参与人应遵循诚实信用原则,进行仲裁程序。

第十条 放弃异议

一方当事人知道或理应知道本规则或仲裁协议中规定的任何条款或情事未被遵守,仍参加仲裁程序或继续进行仲裁程序或经有效通知无正当理由缺席审理,而且不对此不遵守情况及时地、明示地提出书面异议的,视为放弃其提出异议的权利。

第二章 仲裁程序

第一节 仲裁申请、答辩、反请求

第十一条 仲裁程序的开始

仲裁程序自仲裁委员会仲裁院收到仲裁申请书之日起开始。申请人向仲裁委员会书面提交仲裁申请及/或通过仲裁委员会网上立案系统申请仲裁的,仲裁程序开始于最先收到的日期。

第十二条 申请仲裁

(一)当事人依据本规则申请仲裁时应:

1. 提交由申请人或申请人授权的代理人签名及/或盖章的仲裁申请书。仲裁申请书应写明:

(1)申请人和被申请人的名称和住所,包括邮政编码、电话、传真、电子邮箱或其他电子通讯方式;

(2)申请仲裁所依据的仲裁协议;

(3)案情和争议要点;

(4)申请人的仲裁请求;

(5)仲裁请求所依据的事实和理由。

2. 在提交仲裁申请书时,附具申请人请求所依据的证据材料以及其他证明文件。

3. 按照仲裁委员会制定的仲裁费用表的规定预缴仲裁费。

（二）仲裁协议约定仲裁前应进行协商、调解程序的，可协商、调解后提交仲裁申请，但未协商、未调解，不影响申请人提起仲裁申请及仲裁委员会仲裁院受理仲裁案件，除非所适用的法律或仲裁协议对此明确作出了相反规定。

第十三条　案件的受理

（一）仲裁委员会根据当事人在争议发生之前或在争议发生之后达成的将争议提交仲裁委员会仲裁的仲裁协议和一方当事人的书面申请，受理案件。

（二）仲裁委员会仲裁院收到申请人的仲裁申请书及其附件后，经审查，认为申请仲裁的手续完备的，应将仲裁通知、仲裁委员会仲裁规则和仲裁员名册各一份发送给双方当事人；申请人的仲裁申请书及其附件也应同时发送给被申请人。

（三）仲裁委员会仲裁院经审查认为申请仲裁的手续不完备的，可以要求申请人在一定的期限内予以完备。申请人未能在规定期限内完备申请仲裁手续的，视同申请人未提出仲裁申请；申请人的仲裁申请书及其附件，仲裁委员会仲裁院不予留存。

（四）仲裁委员会受理案件后，仲裁委员会仲裁院应指定一名案件秘书协助仲裁案件的程序管理。

第十四条　多合同仲裁及仲裁中追加合同

（一）申请人就多个合同项下的争议可在单个仲裁案件中合并提出仲裁申请，但应同时符合下列条件：

1. 多个合同系主从合同关系，或多个合同所涉当事人相同且法律关系性质相同，或多个合同所涉标的具有牵连关系；

2. 多个合同所涉争议源于同一交易或同一系列交易；

3. 多个合同中的仲裁协议内容相同或相容。

（二）同时符合上述第（一）款1、2、3项规定情形的，申请人可在仲裁程序中申请追加合同，但上述申请过迟影响仲裁程序正常进行的，可决定不予追加合同。

（三）上述第（一）（二）款程序事项，由仲裁委员会仲裁院决定。在仲裁庭组成后提出追加合同申请的，由仲裁庭决定。

第十五条 答辩

(一)被申请人应自收到仲裁通知后45天内提交答辩书。被申请人确有正当理由请求延长提交答辩期限的,由仲裁庭决定是否延长答辩期限;仲裁庭尚未组成的,由仲裁委员会仲裁院作出决定。

(二)答辩书由被申请人或被申请人授权的代理人签名及/或盖章,并应包括下列内容及附件:

1. 被申请人的名称和住所,包括邮政编码、电话、传真、电子邮箱或其他电子通讯方式;

2. 对仲裁申请书的答辩及所依据的事实和理由;

3. 答辩所依据的证据材料以及其他证明文件。

(三)仲裁庭有权决定是否接受逾期提交的答辩书。

(四)被申请人未提交答辩书,不影响仲裁程序的进行。

第十六条 反请求

(一)被申请人如有反请求,应自收到仲裁通知后45天内以书面形式提交。被申请人确有正当理由请求延长提交反请求期限的,由仲裁庭决定是否延长反请求期限;仲裁庭尚未组成的,由仲裁委员会仲裁院作出决定。

(二)被申请人提出反请求时,应在其反请求申请书中写明具体的反请求事项及其所依据的事实和理由,并附具有关的证据材料以及其他证明文件。

(三)被申请人提出反请求,应按照仲裁委员会制定的仲裁费用表在规定的时间内预缴仲裁费。被申请人未按期缴纳反请求仲裁费的,视同未提出反请求申请。

(四)仲裁委员会仲裁院认为被申请人提出反请求的手续已完备的,应向双方当事人发出反请求受理通知。申请人应在收到反请求受理通知后30天内针对被申请人的反请求提交答辩。申请人确有正当理由请求延长提交答辩期限的,由仲裁庭决定是否延长答辩期限;仲裁庭尚未组成的,由仲裁委员会仲裁院作出决定。

(五)仲裁庭有权决定是否接受逾期提交的反请求和反请求答辩书。

(六)申请人对被申请人的反请求未提出书面答辩的,不影响仲裁程序的进行。

第十七条 变更仲裁请求或反请求

申请人可以申请对仲裁请求进行变更,被申请人也可以申请对反请求进行变更;但是仲裁庭认为提出变更的时间过迟而影响仲裁程序正常进行的,可以拒绝受理变更请求申请。

第十八条　追加当事人

(一)在仲裁程序中,一方当事人依据表面上约束被追加当事人的案涉仲裁协议可以向仲裁委员会申请追加当事人。在仲裁庭组成后申请追加当事人的,如果仲裁庭认为确有必要,应在征求包括被追加当事人在内的各方当事人的意见后,由仲裁委员会作出决定。

仲裁委员会仲裁院收到追加当事人申请之日视为针对该被追加当事人的仲裁开始之日。

(二)追加当事人申请书应包含现有仲裁案件的案号,涉及被追加当事人在内的所有当事人的名称、住所及通讯方式,追加当事人所依据的仲裁协议、事实和理由,以及仲裁请求。

当事人在提交追加当事人申请书时,应附具其申请所依据的证据材料以及其他证明文件。

(三)任何一方当事人就追加当事人程序提出仲裁协议及/或仲裁案件管辖权异议的,适用本规则第六条相关规定作出管辖权决定。

(四)追加当事人程序开始后,在仲裁庭组成之前,由仲裁委员会仲裁院就仲裁程序的进行作出决定;在仲裁庭组成之后,由仲裁庭就仲裁程序的进行作出决定。

(五)在仲裁庭组成之前追加当事人的,本规则有关当事人选定或委托仲裁委员会主任指定仲裁员的规定适用于被追加当事人。仲裁庭的组成应按照本规则第二十九条的规定进行。

在仲裁庭组成后决定追加当事人的,仲裁庭应就已经进行的包括仲裁庭组成在内的仲裁程序征求被追加当事人的意见。被追加当事人要求选定或委托仲裁委员会主任指定仲裁员的,双方当事人应重新选定或委托仲裁委员会主任指定仲裁员。仲裁庭的组成应按照本规则第二十九条的规定进行。

(六)本规则有关当事人提交答辩及反请求的规定适用于被追加当事人。被追加当事人提交答辩及反请求的期限自收到追加当事人仲裁通知后起算。

(七)案涉仲裁协议表面上不能约束被追加当事人或存在其他任何不宜追加当事人的情形的,仲裁委员会有权决定不予追加。

第十九条 合并仲裁

（一）符合下列条件之一的，经一方当事人请求，仲裁委员会可以决定将根据本规则进行的两个或两个以上的仲裁案件合并为一个仲裁案件进行审理。

1. 各案仲裁请求依据同一个仲裁协议提出；

2. 各案仲裁请求依据多个合同仲裁协议提出，该多个合同系主从合同关系、或多个合同所涉当事人相同及法律关系性质相同、或多个合同所涉标的具有牵连关系，且多个合同仲裁协议内容相同或相容；

3. 所有案件的当事人均同意合并仲裁。

（二）根据上述第（一）款决定合并仲裁时，仲裁委员会应考虑各方当事人的意见及相关仲裁案件之间的关联性等因素，包括不同案件的仲裁员的选定或指定情况。

（三）除非各方当事人另有约定，合并的仲裁案件应合并至最先开始仲裁程序的仲裁案件。

（四）仲裁案件合并后，在仲裁庭组成之前，由仲裁委员会仲裁院就程序的进行作出决定；仲裁庭组成后，由仲裁庭就程序的进行作出决定。

第二十条 仲裁文件的提交与交换

（一）当事人的仲裁文件应提交至仲裁委员会仲裁院。

（二）仲裁程序中需发送或转交的仲裁文件，由仲裁委员会仲裁院发送或转交仲裁庭及当事人，当事人另有约定并经仲裁庭同意或仲裁庭另有决定者除外。

第二十一条 仲裁文件的提交方式与份数

（一）当事人的仲裁申请书、答辩书、反请求书和证据材料以及其他仲裁文件可优先采用电子方式提交。

（二）当事人以电子方式提交的，如仲裁委员会仲裁院或仲裁庭认为有必要，可要求其提交相同的纸质文本。电子文本与纸质文本不一致的，以电子文本为准，除非当事人另有约定。

（三）当事人以纸质方式提交的，应一式五份；多方当事人的案件，应增加相应份数；当事人提出保全措施申请的，应增加相应份数；仲裁庭组成人数为一人的，应相应减少两份。

第二十二条 仲裁代理人

（一）当事人可以授权中国及/或外国的仲裁代理人办理有关仲裁事项。

当事人或其仲裁代理人应向仲裁委员会仲裁院提交授权委托书，仲裁委员会仲裁院应将授权委托书转交相关当事人和仲裁庭。

（二）仲裁庭组成后当事人变更或新增仲裁代理人的，仲裁委员会仲裁院院长可考虑当事人在合理期限内对仲裁员回避事项发表意见的情况、仲裁庭审理案件的进展等因素，采取必要措施防止仲裁员因当事人代理人的变化而产生的利益冲突，包括排除新的仲裁代理人参与仲裁程序。

第二十三条　保全措施及临时措施

（一）当事人申请保全措施的，仲裁委员会应当将当事人的保全措施申请转交当事人指明的有管辖权的法院。

仲裁委员会可依据当事人的请求，将其提交的保全措施申请在仲裁通知发出前先行转交上述法院。

（二）根据所适用的法律或当事人的约定，当事人可以依据《中国国际经济贸易仲裁委员会紧急仲裁员程序》（本规则附件三）向仲裁委员会仲裁院申请紧急性临时救济。紧急仲裁员可以决定采取必要或适当的紧急性临时救济措施。紧急仲裁员决定对双方当事人具有约束力。

（三）经一方当事人请求，仲裁庭依据所适用的法律或当事人的约定可以决定采取其认为必要或适当的临时措施，并有权决定由请求临时措施的一方当事人提供适当的担保。

第二节　仲裁员及仲裁庭

第二十四条　仲裁员的义务

（一）仲裁员不代表任何一方当事人，应保持中立并独立于各方当事人，平等地对待各方当事人。

（二）仲裁员接受指定/选定的，应按本规则履行职责，勤勉高效推进仲裁程序。

第二十五条　仲裁庭的人数

（一）仲裁庭由一名或三名仲裁员组成。

（二）除非当事人另有约定或本规则另有规定，仲裁庭由三名仲裁员组成。

第二十六条　仲裁员的选定或指定

（一）仲裁委员会制定统一适用于仲裁委员会及其分会/仲裁中心的仲

裁员名册;当事人从仲裁委员会制定的仲裁员名册中选定仲裁员。

(二)当事人约定在仲裁委员会仲裁员名册之外选定仲裁员的,当事人选定的或根据当事人约定指定的人士经仲裁委员会主任确认后可以担任仲裁员。

(三)仲裁庭根据本规则规定组成,但当事人另有约定者除外。

(四)如果当事人约定的组庭方式存在显著的不公平或不公正,或当事人滥用权利导致仲裁程序不必要的拖延,仲裁委员会主任可依据公平原则确定组庭方式或指定仲裁庭的任一组成人员。

第二十七条 三人仲裁庭的组成

(一)申请人和被申请人应各自在收到仲裁通知后 15 天内选定或委托仲裁委员会主任指定一名仲裁员。当事人未在上述期限内选定或委托仲裁委员会主任指定的,由仲裁委员会主任指定。

(二)第三名仲裁员由双方当事人在被申请人收到仲裁通知后 15 天内共同选定或共同委托仲裁委员会主任指定。第三名仲裁员为仲裁庭的首席仲裁员。双方当事人未在上述期限内共同选定或共同委托仲裁委员会主任指定的,由仲裁委员会主任指定首席仲裁员。

(三)双方当事人可以约定由其各自选定的两名仲裁员共同选定首席仲裁员,该两名仲裁员在分别接受选定后 7 天内共同选定或共同委托仲裁委员会主任指定首席仲裁员,未在上述期限内共同选定或共同委托仲裁委员会主任指定的,由仲裁委员会主任指定首席仲裁员。

(四)双方当事人可以各自推荐一至五名候选人作为首席仲裁员人选,并按照上述第(二)款规定的期限提交推荐名单。双方当事人的推荐名单中有一名人选相同的,该人选为双方当事人共同选定的首席仲裁员;有一名以上人选相同的,由仲裁委员会主任根据案件的具体情况在相同人选中确定一名首席仲裁员,该名首席仲裁员仍为双方共同选定的首席仲裁员;推荐名单中没有相同人选时,由仲裁委员会主任在推荐名单外指定首席仲裁员。

(五)经双方当事人约定或共同请求,仲裁委员会主任可以提名 3 名首席仲裁员人选供其在收到提名名单后 7 日内选定首席仲裁员。

除非当事人另有约定,本款应使用下述名单方法指定/选定首席仲裁员:

1. 每一方当事人可排除其反对的一人或数人并将提名名单上保留的人选名单提交仲裁委员会仲裁院。

2. 如双方当事人保留名单有一名相同人选的,则该人选为双方当事人共同选定的首席仲裁员；如双方当事人保留名单有两名或以上相同人选的，则由仲裁委员会主任根据案件的具体情况确定其中一名人选为首席仲裁员，该名首席仲裁员仍为双方共同选定的首席仲裁员；双方当事人未选定相同人选时，由仲裁委员会主任在提名名单外指定首席仲裁员。

第二十八条　独任仲裁庭的组成

仲裁庭由一名仲裁员组成的，按照本规则第二十七条第（二）（四）（五）款规定的程序，选定或指定独任仲裁员。

第二十九条　多方当事人仲裁庭的组成

（一）仲裁案件有两个或两个以上申请人及/或被申请人时，申请人方及/或被申请人方应各自协商，各方共同选定或共同委托仲裁委员会主任指定一名仲裁员。

（二）首席仲裁员或独任仲裁员应按照本规则第二十七条第（二）（四）（五）款规定的程序选定或指定。申请人方及/或被申请人方按照本规则第二十七条的规定选定首席仲裁员或独任仲裁员时，应各方共同协商，提交各方共同选定的候选人名单。

（三）如果申请人方及/或被申请人方未能在收到仲裁通知后 15 天内各方共同选定或各方共同委托仲裁委员会主任指定一名仲裁员，则由仲裁委员会主任指定仲裁庭三名仲裁员，并从中确定一人担任首席仲裁员。

第三十条　指定仲裁员的考虑因素

仲裁委员会主任根据本规则的规定指定仲裁员时，应考虑争议的适用法律、仲裁地、仲裁语言、当事人国籍、争议类型，以及仲裁委员会主任认为应考虑的其他因素。

第三十一条　披露

（一）被选定或被指定的仲裁员应签署声明书，披露可能引起对其公正性和独立性产生合理怀疑的任何事实或情形。

（二）在仲裁程序中出现应披露的事实或情形的，仲裁员应立即书面披露。

（三）仲裁员的声明书及/或披露的信息应提交仲裁委员会仲裁院并转交各方当事人及其他仲裁庭组成人员。

第三十二条　仲裁员的回避

（一）当事人收到仲裁员的声明书及/或书面披露后，如果以披露的事实或情况为理由要求该仲裁员回避，则应于收到仲裁员的书面披露后 10 天内书面提出。逾期没有申请回避的,不得以仲裁员曾经披露的事项为由申请该仲裁员回避。

(二)当事人对被选定或被指定的仲裁员的公正性和独立性产生具有正当理由的怀疑时,可以书面提出要求该仲裁员回避的请求,但应说明提出回避请求所依据的具体事实和理由,并举证。

(三)对仲裁员的回避请求应在收到组庭通知后15天内以书面形式提出;在此之后得知要求回避事由的,可以在得知回避事由后15天内提出,但应不晚于最后一次开庭终结。

(四)当事人的回避请求应当立即转交另一方当事人、被请求回避的仲裁员及仲裁庭其他成员。

(五)如果一方当事人请求仲裁员回避,另一方当事人同意回避请求,或被请求回避的仲裁员主动提出不再担任该仲裁案件的仲裁员,则该仲裁员不再担任仲裁员审理本案。上述情形并不表示当事人提出回避的理由成立。

(六)除上述第(五)款规定的情形外,仲裁员是否回避,由仲裁委员会主任作出终局决定并可以不说明理由。

(七)在仲裁委员会主任就仲裁员是否回避作出决定前,被申请回避的仲裁员应继续履行职责。

第三十三条 仲裁员的更换

(一)仲裁员在法律上或事实上不能履行职责,或没有按照本规则的要求或在本规则规定的期限内履行应尽职责时,仲裁委员会主任有权决定将其更换;该仲裁员也可以主动申请不再担任仲裁员。

(二)是否更换仲裁员,由仲裁委员会主任作出终局决定并可以不说明理由。

(三)在仲裁员因回避或更换不能履行职责时,应按照原选定或指定仲裁员的方式在仲裁委员会仲裁院规定的合理期限内选定或指定替代的仲裁员。当事人未选定或指定替代仲裁员的,由仲裁委员会主任指定替代的仲裁员。

(四)重新选定或指定仲裁员后,由仲裁庭决定是否重新审理及重新审理的范围。

第三十四条 多数仲裁员继续仲裁程序

最后一次开庭终结后,如果三人仲裁庭中的一名仲裁员因死亡或被除名等情形而不能参加合议及/或作出裁决，另外两名仲裁员可以请求仲裁委员会主任按照第三十三条的规定更换该仲裁员；在征求双方当事人意见并经仲裁委员会主任同意后，该两名仲裁员也可以继续进行仲裁程序，作出决定或裁决。仲裁委员会仲裁院应将上述情况通知双方当事人。

第三节　审　　理

第三十五条　审理方式

（一）除非当事人另有约定，仲裁庭可以按照其认为适当的方式审理案件。在任何情形下，仲裁庭均应公平和公正地行事，给予双方当事人陈述与辩论的合理机会。

（二）仲裁庭应开庭审理案件，但双方当事人约定并经仲裁庭同意或仲裁庭认为不必开庭审理并征得双方当事人同意的，可以只依据书面文件进行审理。

（三）除非当事人另有约定，仲裁庭可以根据案件的具体情况采用询问式或辩论式的庭审方式审理案件。

（四）仲裁庭可以在其认为适当的地点以其认为适当的方式进行合议。

（五）除非当事人另有约定，仲裁庭认为必要时可以就所审理的案件发布程序令、发出问题单、制作审理范围书、举行庭前会议等。经仲裁庭其他成员授权，首席仲裁员可以单独就仲裁案件的程序安排作出决定。

第三十六条　开庭地

（一）当事人约定开庭地点的，仲裁案件的开庭审理应当在约定的地点进行，但出现本规则第八十五条第（三）款规定的情形的除外。

（二）除非当事人另有约定，由仲裁委员会仲裁院或其分会/仲裁中心仲裁院管理的案件应分别在北京或分会/仲裁中心所在地开庭审理；如仲裁庭认为必要，经仲裁委员会仲裁院院长同意，也可以在其他地点开庭审理。

第三十七条　开庭审理

（一）开庭审理的案件，仲裁庭确定第一次开庭日期后，应不晚于开庭前20天将开庭日期通知双方当事人。当事人有正当理由的，可以请求延期开庭，但应于收到开庭通知后5天内提出书面延期申请；是否延期，由仲裁庭决定。

（二）当事人有正当理由未能按上述第（一）款规定提出延期开庭申请的，是否接受其延期申请，由仲裁庭决定。

（三）再次开庭审理的日期及延期后开庭审理日期的通知及其延期申请，不受上述第（一）款期限的限制。

（四）开庭审理的案件，当事人及其仲裁代理人有权参加开庭。其他仲裁参与人参加开庭由仲裁庭决定。除非经仲裁庭和当事人同意，仲裁参与人之外的人员不得出席。

（五）仲裁庭可在商各方当事人意见后，根据仲裁案件的具体情况，自行决定以现场出席、远程视频及其他适当的电子通讯方式开庭。

（六）仲裁委员会仲裁院提供开庭设施及远程视频开庭的行政后勤支持。

第三十八条 保密

（一）仲裁庭审理案件不公开进行。双方当事人要求公开审理的，由仲裁庭决定是否公开审理。

（二）不公开审理的案件，双方当事人及其仲裁代理人、仲裁员、证人、翻译、仲裁庭咨询的专家和指定的鉴定人，以及其他有关人员，均不得对外界透露案件实体和程序的有关情况。

第三十九条 缺席审理

（一）申请人无正当理由开庭时不到庭的，或在开庭审理时未经仲裁庭许可中途退庭的，可以视为撤回仲裁申请；被申请人提出反请求的，不影响仲裁庭就反请求进行审理，并作出裁决。

（二）被申请人无正当理由开庭时不到庭的，或在开庭审理时未经仲裁庭许可中途退庭的，仲裁庭可以进行缺席审理并作出裁决；被申请人提出反请求的，可以视为撤回反请求。

第四十条 庭审笔录

（一）开庭审理时，仲裁庭可以制作庭审笔录及/或影音记录。仲裁庭认为必要时，可以制作庭审要点，并要求当事人及/或其代理人、证人及/或其他有关人员在庭审笔录或庭审要点上签字或盖章。

（二）当事人和其他仲裁参与人认为对自己陈述的记录有遗漏或有差错的，可以申请补正；仲裁庭不同意其补正的，应将该申请记录在案。

（三）庭审笔录、庭审要点和影音记录供仲裁庭查用。

（四）应一方当事人申请，仲裁委员会仲裁院视案件具体情况可以决定聘请速录人员记录庭审笔录，当事人应当预交由此产生的费用。

第四十一条　举证

（一）当事人应对其申请、答辩和反请求所依据的事实提供证据加以证明，对其主张、辩论及抗辩要点提供依据。

（二）仲裁庭可以规定当事人提交证据的期限。当事人应在规定的期限内提交证据。逾期提交的，仲裁庭可以不予接受。当事人在举证期限内提交证据材料确有困难的，可以在期限届满前申请延长举证期限。是否延长，由仲裁庭决定。

（三）当事人未能在规定的期限内提交证据，或虽提交证据但不足以证明其主张的，负有举证责任的当事人承担因此产生的后果。

（四）除非当事人另有约定，仲裁庭可以决定适用或部分适用《中国国际经济贸易仲裁委员会证据指引》（以下简称《证据指引》）审理案件，但该《证据指引》不构成本规则的组成部分。

第四十二条　质证

（一）除非当事人另有约定或协商一致，开庭审理的案件，证据应在开庭时出示，当事人可以质证。

（二）对于书面审理的案件的证据材料，或对于开庭后提交的证据材料且当事人同意书面质证的，可以进行书面质证。书面质证时，当事人应在仲裁庭规定的期限内提交书面质证意见。

第四十三条　仲裁庭调查取证

（一）仲裁庭认为必要时，可以调查事实，收集证据。

（二）仲裁庭调查事实、收集证据时，可以通知当事人到场。经通知，一方或双方当事人不到场的，不影响仲裁庭调查事实和收集证据。

（三）仲裁庭调查收集的证据，应转交当事人，给予当事人提出意见的机会。

第四十四条　专家报告及鉴定报告

（一）仲裁庭可以就案件中的专门问题向专家咨询或指定鉴定人进行鉴定。专家和鉴定人可以是中国或外国的机构或自然人。

（二）仲裁庭有权要求当事人、当事人也有义务向专家或鉴定人提供或出示任何有关资料、文件或财产、实物，以供专家或鉴定人审阅、检验或鉴定。

(三)专家报告和鉴定报告的副本应转交当事人,给予当事人提出意见的机会。一方当事人申请或仲裁庭要求专家或鉴定人参加开庭的,专家或鉴定人应参加开庭,并在仲裁庭认为必要时就所作出的报告进行解释。

第四十五条　程序中止

(一)双方当事人共同或分别请求中止仲裁程序,或出现其他需要中止仲裁程序的情形的,仲裁程序可以中止。

(二)中止程序的原因消失或中止程序期满后,仲裁程序恢复进行。

(三)仲裁程序的中止及恢复,由仲裁庭决定;仲裁庭尚未组成的,由仲裁委员会仲裁院院长决定。

第四十六条　撤回申请和撤销案件

(一)当事人可以撤回全部仲裁请求或全部仲裁反请求。申请人撤回全部仲裁请求的,不影响仲裁庭就被申请人的仲裁反请求进行审理和裁决。被申请人撤回全部仲裁反请求的,不影响仲裁庭就申请人的仲裁请求进行审理和裁决。

(二)因当事人自身原因或相关法律规定致使仲裁程序不能进行的,可以视为其撤回仲裁请求。

(三)仲裁请求和反请求全部撤回的,案件可以撤销。在仲裁庭组成前撤销案件的,由仲裁委员会仲裁院院长作出撤案决定;仲裁庭组成后撤销案件的,由仲裁庭作出撤案决定。

(四)上述第(三)款及本规则第六条第(七)款所述撤案决定应加盖"中国国际经济贸易仲裁委员会"印章。

第四十七条　仲裁与调解相结合

(一)双方当事人有调解愿望的,或一方当事人有调解愿望并经仲裁庭征得另一方当事人同意的,仲裁庭可以在仲裁程序中对案件进行调解。双方当事人也可以自行和解。

(二)仲裁庭在征得双方当事人同意后可以按照其认为适当的方式进行调解。

(三)调解过程中,任何一方当事人提出终止调解或仲裁庭认为已无调解成功的可能时,仲裁庭应终止调解。

(四)双方当事人经仲裁庭调解达成和解或自行和解的,应签订和解协议。

（五）当事人经调解达成或自行达成和解协议的，可以撤回仲裁请求或反请求，也可以请求仲裁庭根据当事人和解协议的内容作出裁决书或制作调解书。

（六）当事人请求制作调解书的，调解书应当写明仲裁请求和当事人书面和解协议的内容，由仲裁员署名，并加盖“中国国际经济贸易仲裁委员会”印章，送达双方当事人。

（七）调解不成功的，仲裁庭应当继续进行仲裁程序并作出裁决。

（八）当事人有调解愿望但不愿在仲裁庭主持下进行调解的，经双方当事人同意，仲裁委员会可以协助当事人以适当的方式和程序进行调解。

（九）如果调解不成功，任何一方当事人均不得在其后的仲裁程序、司法程序和其他任何程序中援引对方当事人或仲裁庭在调解过程中曾发表的意见、提出的观点、作出的陈述、表示认同或否定的建议或主张作为其请求、答辩或反请求的依据。

（十）当事人在仲裁程序开始之前自行达成或经调解达成和解协议的，可以依据由仲裁委员会仲裁的仲裁协议及其和解协议，请求仲裁委员会组成仲裁庭，按照和解协议的内容作出仲裁裁决。除非当事人另有约定，仲裁委员会主任指定一名独任仲裁员成立仲裁庭，由仲裁庭按照其认为适当的程序进行审理并作出裁决。具体程序和期限，不受本规则其他条款关于程序和期限的限制。

第四十八条　第三方资助

（一）获得第三方资助的当事人应在签署资助协议后，毫不迟延地将第三方资助安排的事实、经济利益、第三方的名称与住址等情况提交仲裁委员会仲裁院。仲裁委员会仲裁院应转交相关当事人和仲裁庭。仲裁庭认为必要的，可要求获得第三方资助的当事人披露相关情况。

（二）在就仲裁费用和其他相关费用作出裁决时，仲裁庭可以考虑是否存在第三方资助的情形，以及当事人是否遵守第（一）款的规定。

第四十九条　中间裁决

（一）仲裁庭认为必要或当事人提出请求并经仲裁庭同意的，仲裁庭可以在作出最终裁决之前，就案件的任何问题作出中间裁决。

（二）任何一方当事人不履行中间裁决，不影响仲裁程序的继续进行，也不影响仲裁庭作出最终裁决。

第五十条 早期驳回程序

（一）当事人可以以仲裁请求或反请求明显缺乏法律依据或明显超出仲裁庭的管辖范围为由申请早期驳回全部或部分仲裁请求或反请求（以下简称“早期驳回程序申请”）。

（二）当事人应以书面形式提出早期驳回程序申请，并应说明其事实和法律依据。仲裁庭可要求提出请求的一方当事人提供正当理由，并可要求其证明实施早期驳回程序将加快整个仲裁程序，以防止当事人滥用早期驳回程序申请拖延仲裁程序。当事人提起早期驳回申请不影响仲裁庭继续进行仲裁程序。

（三）当事人应尽可能及早提交早期驳回程序申请，除非仲裁庭另有决定，早期驳回程序申请最迟应不晚于提交答辩书或反请求答辩书时提出。

（四）在征询双方当事人意见后，仲裁庭可以对早期驳回程序申请作出是否受理决定。

（五）仲裁庭应在早期驳回程序申请提出之日起 60 天内对该请求作出决定或裁决，并附具理由。经仲裁庭请求，仲裁委员会仲裁院院长认为确有正当理由和必要的，可以适当延长该期限。

（六）仲裁庭裁决支持或部分支持早期驳回程序申请的，不影响仲裁庭对其他仲裁请求和反请求的继续审理。

第三章 裁 决

第五十一条 作出裁决的期限

（一）仲裁庭应在组庭后 6 个月内作出裁决书。

（二）经仲裁庭请求，仲裁委员会仲裁院院长认为确有正当理由和必要的，可以延长该期限。

（三）程序中止的期间不计入上述第（一）款规定的裁决期限。

第五十二条 裁决的作出

（一）仲裁庭应当根据事实和合同约定，依照法律规定，参考国际惯例，公平合理、独立公正地作出裁决。

（二）当事人对于案件实体适用法有约定的，从其约定。当事人没有约定或其约定与法律强制性规定相抵触的，由仲裁庭决定案件实体应适用的法律或法律规则。

（三）仲裁庭在裁决书中应写明仲裁请求、争议事实、裁决理由、裁决结果、仲裁费用的承担、裁决的日期和地点。当事人协议不写明争议事实和裁决理由的，以及按照双方当事人和解协议的内容作出裁决书的，可以不写明争议事实和裁决理由。仲裁庭有权在裁决书中确定当事人履行裁决的具体期限及逾期履行所应承担的责任。

（四）裁决书应加盖"中国国际经济贸易仲裁委员会"印章。

（五）由三名仲裁员组成的仲裁庭审理的案件，裁决依全体仲裁员或多数仲裁员的意见作出。少数仲裁员的书面意见应附卷，并可以附在裁决书后，该书面意见不构成裁决书的组成部分。

（六）仲裁庭不能形成多数意见的，裁决依首席仲裁员的意见作出。其他仲裁员的书面意见应附卷，并可以附在裁决书后，该书面意见不构成裁决书的组成部分。

（七）除非裁决依首席仲裁员意见或独任仲裁员意见作出并由其署名，裁决书应由多数仲裁员署名。持有不同意见的仲裁员可以在裁决书上署名，也可以不署名。仲裁员电子签名与手写署名具有同等效力。

（八）作出裁决书的日期，即为裁决发生法律效力的日期。

（九）裁决是终局的，对双方当事人均有约束力。

（十）向双方当事人送达的裁决书应为纸质文本。如双方当事人约定，或仲裁委员会认为有必要的，裁决书可以电子文本送达。

第五十三条　部分裁决

（一）仲裁庭认为必要或当事人提出请求并经仲裁庭同意的，仲裁庭可以在作出最终裁决之前，就当事人的某些请求事项先行作出部分裁决。部分裁决是终局的，对双方当事人均有约束力。

（二）一方当事人不履行部分裁决，不影响仲裁程序的继续进行，也不影响仲裁庭作出最终裁决。

第五十四条　裁决书草案的核阅

仲裁庭应在签署裁决书之前将裁决书草案提交仲裁委员会核阅。在不影响仲裁庭独立裁决的情况下，仲裁委员会可以就裁决书的有关问题提请仲裁庭注意。

第五十五条 费用承担

（一）仲裁庭有权在裁决书中裁定当事人最终应向仲裁委员会支付的仲裁费和其他费用。

（二）仲裁庭有权根据案件的具体情况在裁决书中裁定败诉方应补偿胜诉方因办理案件而支出的合理费用。仲裁庭裁定败诉方补偿胜诉方因办理案件而支出的费用是否合理时，应具体考虑案件的裁决结果、复杂程度、胜诉方当事人及/或代理人的实际工作量以及案件的争议金额等因素。

第五十六条 裁决书的更正

（一）仲裁庭可以在发出裁决书后的合理时间内自行以书面形式对裁决书中的书写、打印、计算上的错误或其他类似性质的错误或遗漏事项作出更正。

（二）任何一方当事人均可以在收到裁决书后30天内就裁决书中的书写、打印、计算上的错误或其他类似性质的错误或遗漏事项，书面申请仲裁庭作出更正；如确有错误，仲裁庭应在收到书面申请后30天内作出书面更正。

（三）上述书面更正构成裁决书的组成部分，应适用本规则第五十二条第（四）至（十）款的规定。

第五十七条 补充裁决

（一）如果裁决书中对仲裁请求/反请求有漏裁事项，仲裁庭可以在发出裁决书后的合理时间内自行作出补充裁决。

（二）任何一方当事人可以在收到裁决书后30天内以书面形式请求仲裁庭就裁决书中漏裁的事项作出补充裁决；如确有漏裁事项，仲裁庭应在收到上述书面申请后30天内作出补充裁决。

（三）该补充裁决构成裁决书的一部分，应适用本规则第五十二条第（四）至（十）款的规定。

第五十八条 裁决的履行

（一）当事人应依照裁决书写明的期限履行仲裁裁决；裁决书未写明履行期限的，应立即履行。

（二）一方当事人不履行裁决的，另一方当事人可以依法向有管辖权的法院申请执行。

第四章　简易程序

第五十九条　简易程序的适用

(一)除非当事人另有约定,凡争议金额不超过人民币500万元,或争议金额超过人民币500万元但经一方当事人书面申请并征得另一方当事人书面同意的,或双方当事人约定适用简易程序的,适用简易程序。

(二)没有争议金额或争议金额不明确的,由仲裁委员会根据案件的复杂程度、涉及利益的大小以及其他有关因素综合考虑决定是否适用简易程序。

第六十条　案件的受理

仲裁委员会仲裁院收到申请人的仲裁申请书及其附件后,经审查,认为符合本规则第十二条规定的受理条件并适用简易程序的,应向双方当事人发出仲裁通知。

第六十一条　仲裁庭的组成

除非当事人另有约定,适用简易程序的案件,依照本规则第二十八条的规定成立独任仲裁庭审理案件。

第六十二条　答辩和反请求

(一)被申请人应在收到仲裁通知后20天内提交答辩书及证据材料以及其他证明文件;如有反请求,也应在此期限内提交反请求书及证据材料以及其他证明文件。

(二)申请人应在收到反请求受理通知后20天内针对被申请人的反请求提交答辩。

(三)当事人确有正当理由请求延长上述期限的,由仲裁庭决定是否延长;仲裁庭尚未组成的,由仲裁委员会仲裁院作出决定。

第六十三条　审理方式

仲裁庭可以按照其认为适当的方式审理案件,可以在征求当事人意见后决定只依据当事人提交的书面材料和证据进行书面审理,也可以决定开庭审理。

第六十四条　开庭审理

(一)对于开庭审理的案件,仲裁庭确定第一次开庭日期后,应不晚于开庭前15天将开庭日期通知双方当事人。当事人有正当理由的,可以请求延期开庭，但应于收到开庭通知后3天内提出书面延期申请；是否延期，由仲裁庭决定。

（二）当事人有正当理由未能按上述第（一）款规定提出延期开庭申请的，是否接受其延期申请，由仲裁庭决定。

（三）再次开庭审理的日期及延期后开庭审理日期的通知及其延期申请，不受上述第（一）款期限的限制。

第六十五条 作出裁决的期限

（一）仲裁庭应在组庭后3个月内作出裁决书。

（二）经仲裁庭请求，仲裁委员会仲裁院院长认为确有正当理由和必要的，可以延长该期限。

（三）程序中止的期间不计入上述第（一）款规定的裁决期限。

第六十六条 程序变更

仲裁请求的变更或反请求的提出，不影响简易程序的继续进行。经变更的仲裁请求或反请求所涉争议金额分别超过人民币500万元的案件，除非当事人约定或仲裁庭认为有必要变更为普通程序，继续适用简易程序。

第六十七条 本规则其他条款的适用

本章未规定的事项，适用本规则其他各章的有关规定。

第五章 国内仲裁的特别规定

第六十八条 本章的适用

（一）国内仲裁案件，适用本章规定。

（二）符合本规则第五十九条规定的国内仲裁案件，适用第四章简易程序的规定。

第六十九条 案件的受理

仲裁委员会仲裁院收到申请人的仲裁申请书及其附件后，经审查，认为符合本规则第十二条规定的受理条件并适用国内仲裁程序的，应向双方当事人发出仲裁通知。

第七十条 仲裁庭的组成

仲裁庭应按照本规则第二十五条、第二十六条、第二十七条、第二十八条、第二十九条和第三十条的规定组成。

第七十一条 答辩和反请求

（一）被申请人应在收到仲裁通知后20天内提交答辩书及所依据的证据材料以及其他证明文件；如有反请求，也应在此期限内提交反请求书及所依据的证据材料以及其他证明文件。

（二）申请人应在收到反请求受理通知后20天内针对被申请人的反请求提交答辩。

（三）当事人确有正当理由请求延长上述期限的，由仲裁庭决定是否延长；仲裁庭尚未组成的，由仲裁委员会仲裁院作出决定。

第七十二条 开庭审理

（一）对于开庭审理的案件，仲裁庭确定第一次开庭日期后，应不晚于开庭前15天将开庭日期通知双方当事人。当事人有正当理由的，可以请求延期开庭，但应于收到开庭通知后3天内提出书面延期申请；是否延期，由仲裁庭决定。

（二）当事人有正当理由未能按上述第（一）款规定提出延期开庭申请的，是否接受其延期申请，由仲裁庭决定。

（三）再次开庭审理的日期及延期后开庭审理日期的通知及其延期申请，不受上述第（一）款期限的限制。

第七十三条 庭审笔录

（一）仲裁庭应将开庭情况记入笔录。当事人和其他仲裁参与人认为对自己陈述的记录有遗漏或有差错的，可以申请补正；仲裁庭不同意其补正的，应将该申请记录在案。

（二）庭审笔录由仲裁员、记录人员、当事人和其他仲裁参与人签名或盖章。

第七十四条 作出裁决的期限

（一）仲裁庭应在组庭后4个月内作出裁决书。

（二）经仲裁庭请求，仲裁委员会仲裁院院长认为确有正当理由和必要的，可以延长该期限。

（三）程序中止的期间不计入上述第（一）款规定的裁决期限。

第七十五条 本规则其他条款的适用

本章未规定的事项，适用本规则其他各章的有关规定。本规则第六章的规定除外。

第六章 香港仲裁的特别规定

第七十六条 本章的适用

(一)仲裁委员会在香港特别行政区设立仲裁委员会香港仲裁中心。本章适用于仲裁委员会香港仲裁中心接受仲裁申请并管理的仲裁案件。

(二)当事人约定将争议提交仲裁委员会香港仲裁中心仲裁或约定将争议提交仲裁委员会在香港仲裁的,由仲裁委员会香港仲裁中心接受仲裁申请并管理案件。

第七十七条 仲裁地及程序适用法

除非当事人另有约定,仲裁委员会香港仲裁中心管理的案件的仲裁地为香港,仲裁程序适用法为香港仲裁法,仲裁裁决为香港裁决。

第七十八条 管辖权决定的作出

当事人对仲裁协议及/或仲裁案件管辖权的异议,应不晚于第一次实体答辩前提出。

仲裁庭有权对仲裁协议的存在、效力以及仲裁案件的管辖权作出决定。

第七十九条 仲裁员的选定或指定

仲裁委员会现行仲裁员名册在仲裁委员会香港仲裁中心管理的案件中推荐使用,当事人可以在仲裁委员会仲裁员名册外选定仲裁员。被选定的仲裁员应经仲裁委员会主任确认。

第八十条 临时措施和紧急救济

(一)除非当事人另有约定,应一方当事人申请,仲裁庭有权决定采取适当的临时措施。

(二)在仲裁庭组成之前,当事人可以按照《中国国际经济贸易仲裁委员会紧急仲裁员程序》(本规则附件三)申请紧急性临时救济。

第八十一条 裁决书的印章

裁决书应加盖"中国国际经济贸易仲裁委员会香港仲裁中心"印章。

第八十二条 仲裁收费

依本章接受申请并管理的案件适用《中国国际经济贸易仲裁委员会仲裁费用表(三)》(本规则附件二)。

第八十三条 本规则其他条款的适用

本章未规定的事项,适用本规则其他各章的有关规定,本规则第五章的规定除外。

第七章　附　　则

第八十四条　仲裁语言

(一)当事人对仲裁语言有约定的,从其约定。

(二)当事人对仲裁语言没有约定的,以中文为仲裁语言。仲裁委员会也可以在适当考虑合同所用语言在内的所有情况后决定使用一种或数种语言进行仲裁。仲裁庭组成后,可根据案件具体情形重新确定仲裁程序使用的仲裁语言。

(三)仲裁庭开庭时,当事人或其代理人、证人需要语言翻译的,可由仲裁委员会仲裁院提供译员,也可由当事人自行提供译员。

(四)当事人提交的各种文书和证明材料,仲裁庭或仲裁委员会仲裁院认为必要时,可以要求当事人提供相应的中文译本或其他语言译本。

第八十五条　仲裁费用及实际费用

(一)仲裁委员会除按照制定的仲裁费用表向当事人收取仲裁费外,还可以向当事人收取其他额外的、合理的实际费用,包括仲裁员办理案件的特殊报酬、差旅费、食宿费、聘请速录员速录费,以及仲裁庭聘请专家、鉴定人和翻译等费用。

仲裁员的特殊报酬由双方当事人约定或仲裁员提出经由仲裁委员会仲裁院商相关当事人同意后可以小时费率为基础报价,并参照《中国国际经济贸易仲裁委员会仲裁费用表(三)》(本规则附件二)三(二)“仲裁员报酬和费用(以小时费率为基础)”的标准及相关规定确定。

(二)当事人未在仲裁委员会规定的期限内为其选定的仲裁员预缴特殊报酬、差旅费、食宿费等实际费用的,视为没有选定仲裁员。

(三)当事人约定在仲裁委员会或其分会/仲裁中心所在地之外开庭的,应预缴因此而发生的差旅费、食宿费等实际费用。当事人未在仲裁委员会规定的期限内预缴有关实际费用的,应在仲裁委员会或其分会/仲裁中心所在地开庭。

(四)当事人约定以两种或两种以上语言为仲裁语言的,或根据本规则

第五十九条的规定适用简易程序的案件但当事人约定由三人仲裁庭审理的，仲裁委员会可以向当事人收取额外的、合理的费用。

（五）仲裁委员会为当事人提供本规则第二条第（七）款规定的临时仲裁服务的，视当事人请求及案件具体情况，经与双方当事人协商决定收取相关仲裁费用，并通知当事人在规定的期限内支付。当事人未缴纳或未足额缴纳的，仲裁委员会可全部或部分中止提供临时仲裁服务，并可视为其撤回了相关请求。

第八十六条 责任限制

仲裁委员会及其工作人员、仲裁员、紧急仲裁员和仲裁程序中仲裁庭聘请的相关人员，不就其根据本规则进行的任何与仲裁有关的行为包括任何过失、作为和不作为，向任何人承担任何民事责任，且不负有作证义务，除非仲裁所适用的法律另有规定。

第八十七条 规则的解释

（一）本规则条文标题不用于解释条文含义。

（二）本规则由仲裁委员会负责解释。

第八十八条 规则的施行

本规则自 2024 年 1 月 1 日起施行。本规则施行前仲裁委员会及其分会/仲裁中心管理的案件，仍适用受理案件时适用的仲裁规则；双方当事人同意的，也可以适用本规则。

附件一 中国国际经济贸易仲裁委员会及其分会/仲裁中心名录（略）

附件二 中国国际经济贸易仲裁委员会仲裁费用表（略）

附件三 中国国际经济贸易仲裁委员会紧急仲裁员程序（略）

北京仲裁委员会/北京国际仲裁院
仲裁规则

（2021年11月27日第七届北京仲裁委员会第十一次会议审议并通过，自2022年2月1日起施行，名称变更自2024年12月4日启用）

第一章　总　　则

第一条　北京仲裁委员会

（一）北京仲裁委员会/北京国际仲裁院（以下称“本会”）系在中国北京登记注册的解决平等主体的自然人、法人和其他组织之间发生的合同纠纷和其他财产权益纠纷的仲裁机构。

（二）本会曾使用“北京国际仲裁中心”名称，当事人在仲裁协议中约定“北京国际仲裁中心”为仲裁机构的，由本会进行仲裁。

（三）本会主任（以下称“主任”）履行本规则赋予的职责，副主任或秘书长受主任的委托履行主任的职责。

（四）本会指派工作人员担任案件秘书，负责案件的程序管理和服务工作。

第二条　本规则的适用

（一）当事人协议将争议提交本会仲裁的，适用本规则。当事人就仲裁程序事项或者仲裁适用的规则另有约定的，从其约定，但该约定无法执行或者与仲裁地强制性法律规定相抵触的除外。当事人约定适用其他仲裁规则的，由本会履行相应的管理职责。

（二）当事人约定适用本规则但未约定仲裁机构的，视为当事人同意将争议提交本会仲裁。

（三）本规则未明确规定的事项，本会或者仲裁庭有权按照其认为适当的方式推进仲裁程序，以促使当事人之间的争议得到高效和公平的解决。

（四）本会、仲裁庭、当事人及其代理人均应当本着诚信、善意、合作及妥善解决纠纷的原则适用本规则。

第三条 放弃异议权

当事人知道或者理应知道本规则或仲裁协议中规定的任何条款或条件未被遵守，但仍参加或者继续参加仲裁程序且未对上述不遵守情况及时向本会或仲裁庭提出书面异议的，视为其放弃提出异议的权利。

第二章 仲裁协议

第四条 仲裁协议的定义和形式

（一）仲裁协议是指当事人同意将他们之间的特定法律关系中已经发生或者可能发生的争议提交仲裁的协议。仲裁协议包括合同中订立的仲裁条款或者以其他书面形式订立的仲裁协议。

（二）仲裁协议应当采取书面形式。书面形式包括但不限于合同书、信件和数据电文（包括电传、传真、电子数据交换和电子邮件）等可以有形表现所载内容的形式。

（三）在仲裁申请书和答辩书的交换中，一方当事人声称有仲裁协议而另一方当事人不作否认表示的，视为存在书面仲裁协议。

第五条 仲裁协议的独立性

仲裁协议独立存在，其效力应单独判断，无论合同是否成立、变更、解除、终止、无效、失效、未生效、被撤销，均不影响仲裁协议的效力。

第六条 管辖权异议

（一）当事人对仲裁协议的存在、效力或者仲裁案件的管辖权有异议，可以向本会提出管辖权异议。管辖权异议应当在首次开庭前以书面形式提出，当事人约定书面审理的，应当在首次答辩期限届满前以书面形式提出。

（二）当事人未按照上述规定提出管辖权异议的，视为承认本会对仲裁案件的管辖权。

（三）当事人向本会提出管辖权异议不影响仲裁程序的进行。

（四）本会或者本会授权的仲裁庭有权就仲裁案件的管辖权作出决定。仲裁庭的决定可以在仲裁程序进行中作出，也可以在裁决书中作出。

（五）本会或者经本会授权的仲裁庭对仲裁案件作出无管辖权决定的，案件应当撤销。仲裁庭组成前，撤销案件的决定由本会作出；仲裁庭组成后，撤销案件的决定由仲裁庭作出。

第三章　仲裁申请、答辩与反请求

第七条　申请仲裁

（一）申请仲裁，应当提交：

1. 仲裁协议。

2. 写明下列内容的仲裁申请书：

（1）申请人、被申请人的姓名或者名称、住所、邮政编码、电话号码、传真、电子邮箱以及其他可能的快捷联系方式；法人或者其他组织法定代表人或主要负责人的姓名、职务、住所、邮政编码、电话号码、传真、电子邮箱以及其他可能的快捷联系方式。

（2）申请仲裁所依据的仲裁协议。

（3）仲裁请求。

（4）仲裁请求所根据的事实、理由。

3. 仲裁申请所依据的证据或者其他证明文件。

4. 申请人身份证明文件。

（二）当事人申请仲裁，应当按照本规则附录1《北京仲裁委员会/北京国际仲裁院案件收费标准》的规定预交仲裁员报酬和机构费用（以下称“仲裁费用”）。当事人的请求没有明确争议金额的，由本会确定争议金额或者应当预交的仲裁费用。

（三）当事人有特殊情况无法在规定期限内预交仲裁费用的，可以申请缓交，由本会决定是否批准。当事人不预交仲裁费用，又不提出缓交申请或者在本会批准的缓交期限内未预交全部仲裁费用的，视为未提出或者撤回仲裁申请。

第八条　多份合同合并申请

（一）在满足以下各项条件时，当事人可以就多份合同项下的争议在同一案件中合并申请仲裁：

1. 多份合同的仲裁协议内容相同或相容。

2. 多份合同存在主从合同关系；或多份合同存在相同当事人且仲裁标的为同一种类或有关联。

（二）当事人就多份合同合并申请仲裁的，由本会根据实际情况决定是否同意。本会同意后，其他当事人对多份合同合并申请仲裁提出异议的，由仲裁庭作出决定。

第九条　受理

（一）收到仲裁申请后，本会认为符合受理条件的，自当事人预交仲裁费用之日起 10 日内予以受理。

（二）仲裁申请不符合本规则第七条第（一）款规定的，当事人应当在本会规定的时间内予以补正；未补正的，视为当事人未提出仲裁申请。申请人的仲裁申请书及其附件，本会不予留存。

（三）仲裁程序自本会受理仲裁申请之日开始。

第十条　发送仲裁通知

本会自受理案件之日起 10 日内，将受理通知、本规则和仲裁员名册发送申请人；将答辩通知连同仲裁申请书及其附件、本规则、仲裁员名册发送被申请人。

第十一条　答辩

（一）被申请人应当自收到答辩通知之日起 15 日内提交下列文件：

1. 写明下列内容的答辩书：

（1）被申请人的姓名或者名称、住所、邮政编码、电话号码、传真、电子邮箱以及其他可能的快捷联系方式；法人或者其他组织法定代表人或主要负责人的姓名、职务、住所、邮政编码、电话号码、传真、电子邮箱以及其他可能的快捷联系方式。

（2）答辩意见和所根据的事实、理由。

2. 答辩意见所依据的证据或者其他证明文件。

3. 被申请人身份证明文件。

（二）本会自收到答辩书之日起 10 日内，将答辩书及其附件发送申请人。

（三）被申请人未提交答辩书的，不影响仲裁程序的继续进行。

第十二条　反请求

（一）被申请人如有反请求，应当自收到答辩通知之日起 15 日内提交反请求申请书。逾期提交的,仲裁庭组成前由本会决定是否受理;仲裁庭组成后由仲裁庭决定是否受理。

(二)本会或者仲裁庭决定是否受理逾期提出的反请求时,应当考虑反请求与本请求合并审理的必要性、逾期提出的时间、是否会造成程序的不必要拖延以及其他有关因素。

(三)反请求的提出和受理参照本规则第七条和第九条的规定。

(四)自受理反请求申请之日起10日内,本会将反请求答辩通知连同反请求申请书及其附件发送申请人。

(五)申请人按照本规则第十一条的规定提交答辩书。

(六)本规则对反请求的其他事项未作出规定的,参照本规则关于仲裁请求的相关规定办理。

第十三条 变更仲裁请求或者反请求

(一)当事人可以变更仲裁请求或者反请求。变更仲裁请求或者反请求应当采取书面形式,仲裁庭组成前由本会予以受理;仲裁庭组成后由仲裁庭予以受理。

(二)当事人对仲裁请求或者反请求的变更过于迟延从而可能影响仲裁程序正常进行的,本会或者仲裁庭有权拒绝接受其变更。

(三)变更仲裁请求或者反请求的提出、受理、答辩等事项,参照本规则第七条、第九条至第十一条的规定办理。

第十四条 追加当事人

(一)仲裁庭组成前,经本会同意,当事人可以依据相同仲裁协议在案件中申请追加当事人。

(二)申请追加当事人应当提交追加当事人申请书,申请书的内容及受理、答辩等事项,参照本规则第七条、第九条至第十一条的规定办理。

(三)仲裁庭组成后,除非申请人、被申请人及被追加的当事人均同意,否则不再接受追加当事人的申请。

第十五条 多方当事人之间的仲裁请求

(一)案件有两个或者两个以上的申请人或被申请人,或者存在追加当事人的情况下,任何当事人均可以依据相同的仲裁协议针对其他当事人提出仲裁请求。仲裁庭组成前,由本会决定是否受理;仲裁庭组成后,由仲裁庭决定是否受理。

（二）上述仲裁请求的提出、受理、答辩、变更等事项参照本规则第七条、第九条至第十一条、第十三条的规定办理。

第十六条 文件的提交与份数

（一）除非另有约定，当事人应向本会提交仲裁文件，由本会转交仲裁庭及其他当事人。如当事人约定直接向仲裁庭或其他当事人提交仲裁文件，则应向本会提交相应副本。

（二）当事人提交仲裁申请书、答辩书、反请求申请书、证据材料以及其他书面文件，应当一式五份。如果当事人人数超过两人，增加相应份数；如果仲裁庭组成人数为一人，减少两份。

第十七条 仲裁保全

（一）一方当事人因另一方当事人的行为或者其他原因，可能使裁决难以执行或者造成当事人其他损害的，可以提出申请，要求对另一方当事人的财产进行保全、责令其作出一定行为或者禁止其作出一定行为。

（二）证据可能灭失或者以后难以取得的情况下，当事人可以提出证据保全申请。

（三）当事人向本会提出上述申请的，本会将当事人的申请转交至有管辖权的法院。

（四）因情况紧急，不立即申请保全将会使其合法权益受到难以弥补的损害或者证据可能灭失或以后难以取得的情况下，当事人可以在申请仲裁前提出上述申请。

第十八条 代理人

当事人委托代理人进行仲裁活动的，应当向本会提交载明具体委托事项和权限的授权委托书。

第四章 仲 裁 庭

第十九条 仲裁员名册

本会制定有仲裁员名册，当事人从本会提供的仲裁员名册中选择仲裁员。

第二十条 仲裁庭的组成

（一）除非当事人另有约定或本规则另有规定，仲裁庭由三名仲裁员组成。

（二）双方当事人应当自收到仲裁通知之日起15日内分别选定或者委托主任指定一名仲裁员。当事人未在上述期限内选定或者委托主任指定仲裁员的，由主任指定。

（三）案件有两个或者两个以上的申请人或者被申请人时，申请人方或者被申请人方应当共同协商选定或者共同委托主任指定一名仲裁员；未能自最后一名当事人收到仲裁通知之日起15日内就选定或者委托主任指定仲裁员达成一致意见的，由主任指定。

（四）双方当事人应当自被申请人收到仲裁通知之日起15日内共同选定或者共同委托主任指定首席仲裁员。双方当事人也可以在上述期限内，各自推荐一至三名仲裁员作为首席仲裁员人选；经双方当事人申请或者同意，本会也可以提供五至七名首席仲裁员候选名单，由双方当事人在本会规定的期限内从中选择三至四名仲裁员作为首席仲裁员人选。推荐名单或者选择名单中有一名相同的，为双方当事人共同选定的首席仲裁员；有一名以上相同的，由主任根据案件具体情况在相同人选中确定，确定的仲裁员仍为双方当事人共同选定的首席仲裁员；推荐名单或者选择名单中没有相同的人选，由主任在推荐名单或者选择名单之外指定首席仲裁员。

（五）双方当事人未能按照上述第（四）款规定共同选定首席仲裁员的，本会主任可以根据案件情况决定由按照第（二）款或第（三）款规定方式产生的仲裁员共同选定首席仲裁员。该两位仲裁员应当自收到本会通知之日起10日内共同选定首席仲裁员。

（六）未能按照上述规定选定首席仲裁员的，由主任指定。

（七）在追加当事人的情况下，被追加的当事人可与申请人或被申请人作为一方选定仲裁员；未能共同选定该方仲裁员的，则仲裁庭全部成员均由主任指定。

（八）当事人选择居住在北京以外地区的仲裁员的，应当承担仲裁员因审理案件必需的差旅费。如果未在本会规定的期限内预交的，视为未选定仲裁员。主任可以根据本规则的规定代为指定仲裁员。

（九）仲裁员拒绝接受当事人的选定或者因疾病以及其他可能影响正常履行仲裁员职责的原因不能参加案件审理的，当事人应当自收到重新选定仲裁员通知之日起5日内重新选定仲裁员。未能在该期限内重新选定仲裁员的，由主任指定。

第二十一条 组庭通知

自仲裁庭组成之日起5日内，本会将组庭情况通知当事人。秘书在组庭后应当及时将案卷移交仲裁庭。

第二十二条 仲裁员信息披露

（一）仲裁员任职后，应当签署保证独立、公正仲裁的声明书，声明书由秘书转交各方当事人。

（二）仲裁员知悉与案件当事人或者代理人存在可能导致当事人对其独立性、公正性产生合理怀疑的情形的，应当书面披露。

（三）当事人应当自收到仲裁员书面披露之日起10日内就是否申请回避提出书面意见。

（四）当事人以仲裁员披露的事项为由申请仲裁员回避的，适用本规则第二十三条第（一）、（二）、（四）、（五）、（六）款的规定。

（五）当事人在上述第（三）款规定的期限内没有申请回避的，不得再以仲裁员曾经披露的事项为由申请回避。

第二十三条 仲裁员回避

（一）当事人对仲裁员的独立性、公正性产生合理怀疑时，有权提出回避申请。

（二）当事人应当通过书面方式提出回避申请，说明理由，并提供相应证据。

（三）对仲裁员的回避申请应当在首次开庭前提出。回避事由在首次开庭后知道的，可以在最后一次开庭终结前提出；不再开庭或者书面审理的案件，应当在得知回避事由后10日内提出。但本规则第二十二条第（三）款规定的情形除外。

（四）秘书应当及时将回避申请转送其他当事人和仲裁庭全体成员。

（五）一方当事人申请仲裁员回避，其他当事人表示同意，或者被申请回避的仲裁员获知后主动退出，则该仲裁员不再参加案件审理。但上述任何情形均不意味着当事人提出回避的理由成立。

（六）除上述第（五）款规定情形外，仲裁员是否回避，由主任决定。主任的决定是终局的，并有权根据具体情况决定是否说明理由。

（七）当事人在获知仲裁庭组成情况后聘请的代理人与仲裁员形成应予回避情形的，视为该当事人放弃就此申请回避的权利，但其他当事人就此申请回避的权利不受影响。因此导致仲裁程序拖延的，造成回避情形的当事人承担由此发生的费用。

第二十四条　仲裁员更换

（一）仲裁员因死亡或者健康原因不能从事仲裁工作，或者主动退出案件审理，或者主任决定其回避，或者各方当事人一致要求其退出案件审理的，应当更换。

（二）主任认为仲裁员在法律上或者事实上不能履行职责或者没有按照本规则的要求履行职责时，也可以主动更换。

（三）主任根据第（二）款作出决定前应当给予各方当事人和仲裁庭全体成员提出书面意见的机会。

（四）被更换的仲裁员由当事人选定的，当事人应当自收到通知之日起5日内重新选定；由主任指定的，主任另行指定。重新选定或者指定仲裁员后5日内，本会将重新组成仲裁庭通知发送当事人。重新组成仲裁庭后，当事人可以请求已进行的审理程序重新进行，是否必要，由仲裁庭决定；仲裁庭也可以自行决定已进行的审理程序是否重新进行以及重新进行的范围。仲裁庭决定审理程序全部重新进行的，本规则第四十八条、第五十九条及第六十八条规定的期限自重新组成仲裁庭之日起计算。

第五章　审　　理

第二十五条　审理方式

（一）仲裁庭应当开庭审理案件，开庭方式包括现场开庭和网上开庭。

（二）网上开庭指仲裁活动的一方、多方或各方利用电话会议、视频会议或使用其他通信技术（或者组合形式）参与仲裁庭审活动。

（三）仲裁庭有权根据案件具体情况确定开庭方式。

（四）当事人约定不开庭，或者仲裁庭认为不必要开庭审理并征得各方当事人同意的，可以根据当事人提交的文件进行书面审理。

（五）无论采取何种审理方式，仲裁庭均应当公平、公正地对待各方当事人，给予各方当事人陈述和辩论的合理机会。

第二十六条　保密义务

（一）仲裁不公开审理。当事人协议公开的，可以公开，但涉及国家秘密、第三人商业秘密或者仲裁庭认为不适宜公开的除外。

（二）不公开审理的案件，当事人及其代理人、证人、仲裁员、仲裁庭咨询的专家和指定的鉴定人、本会的有关人员，均不得对外界透露案件实体和程序进行的情况。

第二十七条　仲裁地

（一）除非当事人另有约定，本会所在地为仲裁地。本会也可以根据案件具体情况确定其他地点为仲裁地。

（二）仲裁裁决视为在仲裁地作出。

第二十八条　开庭地点

（一）现场开庭在本会所在地进行。当事人另有约定的，从其约定。

（二）当事人约定在本会所在地以外的其他地点现场开庭的，承担由此发生的费用。当事人应当在本会规定的期限内按照约定或者仲裁庭确定的比例预交上述费用。未预交的，在本会所在地现场开庭。

第二十九条　合并审理

（一）在满足以下各项条件时，仲裁庭可以将两个或两个以上的仲裁案件合并审理：

1. 仲裁标的为同一种类或者有关联。

2. 经一方当事人申请并征得其他当事人同意。

3. 仲裁庭组成均相同。

（二）仲裁庭可以根据情况决定合并审理的具体程序。

第三十条　合并仲裁

（一）经各方当事人同意，或者一方当事人申请且本会认为必要，本会可以决定将根据本规则进行的两个或两个以上的仲裁案件合并为一个仲裁案件进行审理。除非当事人另有约定，合并的仲裁案件应合并于最先开始仲裁程序的仲裁案件中。

（二）在决定是否进行上述合并时，本会将考虑相关仲裁案件所依据的仲裁协议的具体情况、案件之间的关联性、案件程序进行的阶段以及已经组成仲裁庭的案件仲裁员的指定或者选定等情况。

第三十一条　开庭通知

（一）开庭审理的案件，仲裁庭应当于开庭 10 日前将开庭日期通知当事人；经商当事人同意，仲裁庭可以提前开庭。当事人有正当理由请求延期开庭的,应当在开庭5日前提出;是否延期,由仲裁庭决定。

(二)再次开庭以及延期后开庭日期的通知,不受10日期限限制。

第三十二条　当事人缺席

(一)申请人经书面通知,无正当理由不到庭或者未经仲裁庭许可中途退庭的,可以视为撤回仲裁申请。被申请人提出反请求的,不影响仲裁庭对被申请人的反请求进行缺席审理。

(二)被申请人经书面通知,无正当理由不到庭或者未经仲裁庭许可中途退庭的,仲裁庭可以进行缺席审理。被申请人提出反请求的,可以视为撤回反请求。

第三十三条　证据提交

(一)当事人对自己的主张承担举证责任。

(二)仲裁庭有权要求当事人在一定期限内提交证据材料,当事人应当在要求的期限内提交;逾期提交的,仲裁庭有权拒绝接受。当事人另有约定或者仲裁庭认为有必要接受的除外。

(三)当事人未能在规定的期限内提交证据,或者虽提交证据但不能证明其主张的,负有举证责任的当事人承担因此产生的不利后果。

(四)当事人对自己提交的证据材料应当装订,标明序号和页码,并附证据清单,简要写明证据材料的名称、证明对象,签名盖章并注明提交日期。

(五)一方当事人对另一方当事人提交的复制品、照片、副本、节录本的真实性没有表示异议,可以视为与原件或者原物一致。

(六)除非当事人另有约定或者本规则另有规定,提交的外文证据材料和书面文件应当附有中文译本。仲裁庭认为必要时,可以要求当事人提供其他语言的译本。

第三十四条　仲裁庭自行调查事实、收集证据

(一)当事人申请且仲裁庭认为必要,或者当事人虽未申请,但仲裁庭根据案件审理情况认为必要时,仲裁庭可以自行调查事实、收集证据。仲裁庭调查事实、收集证据时,认为有必要通知当事人到场的,应当及时通知。经通知,当事人未到场,不影响仲裁庭调查事实和收集证据。

(二)仲裁庭自行收集的证据应当转交当事人,由当事人发表质证意见。

第三十五条　鉴定

(一)当事人申请鉴定且仲裁庭同意,或者当事人虽未申请鉴定但仲裁

庭认为需要鉴定的,可以通知当事人在仲裁庭规定的期限内共同选定鉴定人或者由仲裁庭指定鉴定人。

(二)当事人应当按照约定或者仲裁庭确定的比例预交鉴定费用。不预交的,仲裁庭有权决定不进行相关鉴定。

(三)仲裁庭有权要求当事人,而且当事人也有义务向鉴定人提供或出示鉴定所需的任何文件、数据、财产或其他物品。当事人与鉴定人之间就鉴定所需的文件、资料、财产或其他物品是否与案件有关有争议的,由仲裁庭作出决定。

(四)鉴定人应当提出书面鉴定意见,鉴定意见的副本,应当送交当事人。当事人有权对鉴定意见发表意见。

(五)仲裁庭认为必要或者根据当事人的请求,可以通知鉴定人参加开庭。当事人经仲裁庭许可,可以就鉴定意见的有关事项向鉴定人提问。

(六)鉴定期间不计算在本规则第四十八条、第五十九条及第六十八条规定的期限内。

第三十六条 审理措施

仲裁庭有权根据审理需要采取制作案件审理日程表、发出问题单、举行庭前会议、制作审理范围书等各项审理措施。首席仲裁员可以接受仲裁庭委托采取上述审理措施。

第三十七条 质证

(一)仲裁庭可以根据案件审理需要,安排当事人自行就证据材料原件与复印件是否一致进行核对。仲裁庭可以委托秘书组织当事人进行上述核对工作。

(二)开庭审理的案件,在开庭前已经交换的证据应当在开庭时出示,由当事人质证。当事人已经认可的证据,经仲裁庭在庭审中说明后,可以不经出示,直接作为认定案件事实的依据。

(三)对于当事人当庭或者开庭后提交的证据材料,仲裁庭决定接受但不再开庭审理的,可以要求当事人在一定期限内提交书面质证意见。

第三十八条 证据的认定

(一)证据由仲裁庭认定;鉴定意见,由仲裁庭决定是否采纳。

(二)仲裁庭在认定证据时,除依照相关法律、行政法规,参照司法解释外,还可以结合行业惯例、交易习惯等,综合案件整体情况进行认定。

第三十九条　辩论

当事人在审理过程中有权进行辩论。仲裁庭也可以根据审理情况要求当事人提交书面辩论意见。

第四十条　最后陈述意见

仲裁庭在审理终结前，应当征询当事人的最后意见。当事人的最后意见可以在开庭时以口头方式提出，也可以在仲裁庭规定的期限内以书面方式提出。

第四十一条　庭审记录

（一）仲裁庭应当将开庭情况记入笔录，但调解情况除外。

（二）仲裁庭可以对庭审进行录音或者录像。

（三）当事人和其他仲裁参与人认为对自己陈述的记录有遗漏或者差错的，有权申请补正；仲裁庭不予补正时，应当记录该申请。

（四）笔录由仲裁员、记录人员、当事人和其他仲裁参与人签名或者盖章。网上开庭的，按照仲裁庭确定的方式就笔录进行确认。

（五）经各方当事人申请，或者一方当事人申请且本会同意，本会可以聘请速录人员对开庭情况进行记录，由此发生的费用由当事人预交。

第四十二条　撤回仲裁申请和撤销案件

（一）申请仲裁后，申请人可以撤回仲裁申请，被申请人有反请求的，不影响仲裁庭对反请求进行审理和裁决。被申请人可以撤回仲裁反请求，被申请人撤回反请求的，不影响仲裁庭对申请人的仲裁请求进行审理和裁决。

（二）仲裁请求和反请求（如有）全部撤回的，案件可以撤销。仲裁庭组成前，撤销案件的决定由本会作出；仲裁庭组成后，撤销案件的决定由仲裁庭作出。

（三）除上述情况外，因为任何其他原因使仲裁程序不需要或者不可能继续进行的，本会或者仲裁庭可以作出撤销案件的决定。

（四）撤销案件的情况下，本会有权根据实际情况决定是否退回预收的仲裁费用或者其他费用以及退回的具体金额。

第四十三条　仲裁庭调解

（一）仲裁庭可以根据当事人的请求或者在征得当事人同意的情况下按照其认为适当的方式进行调解。

（二）调解达成协议的，当事人可以撤回仲裁申请，也可以请求仲裁庭根据调解协议的内容制作调解书或者裁决书。

（三）调解书应当写明仲裁请求和当事人协议的结果。调解书由仲裁员签名，加盖本会印章，送达各方当事人。调解书经各方当事人签收即发生法律效力。

（四）对于调解书中的文字、计算错误或者类似错误，仲裁庭应当补正。当事人也有权在签收调解书后30日内要求补正。调解书的补正为调解书的组成部分，经送达当事人后生效。

（五）调解不成的，任何一方当事人均不得在之后的仲裁程序、司法程序和其他任何程序中援引对方当事人或仲裁庭在调解过程中的任何陈述、意见、观点或建议作为其请求、答辩或者反请求的依据。

第四十四条 独立调解

（一）案件审理过程中，当事人可以自行和解或者依据《北京仲裁委员会调解中心调解规则》的规定向本会调解中心申请由调解员进行调解。

（二）调解达成和解协议的，当事人可以共同要求组成仲裁庭依据该和解协议的内容制作调解书或者裁决书。由此产生的相关费用，由当事人承担。

第四十五条 仲裁程序中止和恢复

（一）各方当事人共同申请或者一方当事人申请、其他当事人未表示反对的，仲裁程序可以中止。任何一方当事人申请恢复仲裁程序或者本会或仲裁庭认为有必要恢复的，仲裁程序恢复。

（二）出现特殊情况需要中止仲裁程序的，仲裁程序可以中止。特殊情况消失后，仲裁程序恢复。

（三）中止和恢复仲裁程序的决定，仲裁庭组成前由本会作出；仲裁庭组成后由仲裁庭作出。程序中止的期间不计算在本规则第四十八条、第五十九条及第六十八条规定的期限内。

第四十六条 多数仲裁员继续仲裁程序

最后一次开庭终结后，如果三人仲裁庭中的一名仲裁员因死亡或其他原因不能参加合议并作出裁决，主任可以按照本规则第二十四条的规定更换该仲裁员；在征得各方当事人及主任同意后，其他两名仲裁员也可以继续进行仲裁程序，作出决定或裁决。

第六章　决定和裁决

第四十七条　仲裁程序事项的决定

（一）仲裁庭有权在案件审理过程中，就涉及到的程序事项作出决定。

（二）由三名仲裁员组成仲裁庭的，任何决定均应当按照多数意见作出。如未能形成多数意见，则应当按照首席仲裁员的意见作出。

（三）经当事人同意或者仲裁庭授权，首席仲裁员也可以就程序事项作出决定。

第四十八条　裁决作出期限

仲裁庭应当自组庭之日起4个月内作出裁决。有特殊情况需要延长的，由首席仲裁员提请秘书长批准，可以适当延长。

第四十九条　裁决的作出

（一）由三名仲裁员组成仲裁庭的，裁决应当按照多数仲裁员的意见作出，少数仲裁员的不同意见可以记入笔录。不能形成多数意见时，裁决应当按照首席仲裁员的意见作出。

（二）裁决书应当写明仲裁请求、争议事实、裁决理由、裁决结果、仲裁费用的承担和裁决日期、仲裁地。当事人另有约定的，以及按照当事人的和解协议作出裁决的，可以不写明争议事实和裁决理由。

（三）裁决书由仲裁员签名。对裁决持不同意见的仲裁员，可以签名，也可以不签名；不签名的仲裁员应当针对裁决出具个人意见。本会将其个人意见随裁决书送达当事人，但该意见不构成裁决书的一部分。

（四）裁决书经仲裁员签名后，加盖本会印章。

第五十条　部分裁决和中间裁决

（一）仲裁庭认为必要或者当事人申请经仲裁庭同意时，仲裁庭可以在最终裁决作出前，就当事人的某些请求事项作出部分裁决。

（二）仲裁庭认为必要或者当事人申请经仲裁庭同意时，仲裁庭可以就案件争议的程序问题或者实体问题作出中间裁决。

（三）当事人应当履行部分裁决或中间裁决，不履行部分裁决或者中间裁决的，不影响仲裁程序的进行和最终裁决的作出。

第五十一条 裁决的效力和履行

(一)裁决书自作出之日起发生法律效力。

(二)裁决书作出后,当事人应当按照裁决书确定的履行期限履行裁决;没有规定履行期限的,应当立即履行。任何一方不履行的,当事人可以向有管辖权的法院申请强制执行。

第五十二条 费用承担

(一)仲裁庭有权在裁决书中确定各方当事人应当承担的仲裁费用和实际发生的其他费用,包括但不限于鉴定费用、评估费用、审计费用等。

(二)除非当事人另有约定,仲裁费用原则上由败诉的当事人承担;当事人部分胜诉,部分败诉的,由仲裁庭根据当事人责任大小确定其各自承担的比例。当事人自行和解或者经仲裁庭调解结案的,当事人可以协商确定各自承担的比例。

(三)当事人有本规则第二十三条第(七)款规定的情形,或者有其他违反本规则的情形导致案件审理程序拖延的,其仲裁费用承担不受前款规定的限制。因程序拖延导致其他费用发生或者增加的,还应承担其他相应的费用。

(四)仲裁庭有权根据当事人的请求在裁决书中裁定败诉方补偿胜诉方因办理案件支出的合理费用,包括但不限于律师费、保全费、差旅费、公证费等。仲裁庭在确定上述费用时,应考虑案件的裁决结果、复杂程度、当事人或代理人的实际工作量以及案件的争议金额等有关因素。

第五十三条 裁决补正、补充

(一)对裁决书中的文字、计算错误或者仲裁庭意见部分对当事人申请仲裁的事项已经作出判断但在裁决主文遗漏的,仲裁庭应当补正。裁决书对当事人申请仲裁的事项有遗漏的,仲裁庭应当作出补充裁决。

(二)当事人发现裁决书中有前款规定情形的,可以自收到裁决书之日起 30 日内,书面请求仲裁庭补正或者作出补充裁决。

(三)仲裁庭作出的补正或者补充裁决,是原裁决书的组成部分。

第七章 简易程序

第五十四条 简易程序的适用

(一)除非当事人另有约定,凡案件争议金额不超过 500 万元(指人民币,下同)的,适用简易程序。

(二)当事人约定由一名仲裁员(独任仲裁员)组成仲裁庭审理案件的,适用简易程序,除非当事人就适用程序另有约定。

(三)案件争议金额不超过500万元,当事人约定由三名仲裁员组成仲裁庭审理案件的,适用普通程序,除非当事人就适用程序另有约定。

(四)案件争议金额超过500万元,当事人约定或者同意的,也可适用简易程序,仲裁费用予以减收。

(五)案件争议金额不超过500万元,当事人约定适用普通程序的,承担由此增加的仲裁费用。

(六)本规则第八章对简易程序作出特别规定的,适用第八章的有关规定。

第五十五条 仲裁庭的组成

(一)适用简易程序的案件,由独任仲裁员审理。

(二)各方当事人应当自收到仲裁通知之日起10日内在仲裁员名册中共同选定或者共同委托主任指定独任仲裁员。选择独任仲裁员时,可以适用本规则第二十条第(四)款规定的方式。各方当事人逾期未能共同选定或者共同委托主任指定独任仲裁员的,由主任指定。

第五十六条 答辩和反请求的期限

被申请人应当自收到答辩通知之日起10日内,提交答辩书及有关证明文件;如有反请求,也应当在此期限内提交申请书及有关证明文件。

第五十七条 开庭通知

(一)开庭审理的案件,仲裁庭应当于开庭3日前将开庭日期通知当事人。

(二)仲裁庭决定开庭审理的,只开庭一次;确有必要的,可以决定再次开庭。再次开庭日期的通知,不受3日期限限制。

第五十八条 简易程序变更为普通程序

(一)简易程序进行中,各方当事人共同申请或者一方当事人申请、其他当事人同意的,可以将简易程序变更为普通程序。

(二)仲裁请求的变更或者反请求的提出、变更导致案件争议金额超过500万元的,不影响简易程序的进行。任何一方当事人认为影响的,可以向主任申请变更为普通程序。是否同意,由主任决定。

（三）因简易程序变更为普通程序而增加的仲裁费用，由当事人协商确定预交比例。无法协商达成一致意见的，由本会确定。未能按照本会要求预交仲裁费用的，程序不予变更。

（四）仲裁庭组成后简易程序变更为普通程序的，当事人应当自收到程序变更通知之日起5日内，按照本规则的规定各自选定或者各自委托主任指定一名仲裁员。除非当事人另有约定，原独任仲裁员作为首席仲裁员。新仲裁庭组成前已进行的审理程序是否重新进行以及重新进行的范围，由新仲裁庭决定；新仲裁庭决定审理程序全部重新进行的，本规则第四十八条、第六十八条规定的期限自新仲裁庭组成之日起计算。

（五）程序变更之日起仲裁程序的进行，不再适用简易程序。

第五十九条 裁决作出期限

仲裁庭应当自组庭之日起75日内作出裁决。有特殊情况需要延长的，由独任仲裁员提请秘书长批准，可以适当延长。

第六十条 本规则其他条款的适用

本章未规定的事项，适用或参照适用本规则其他有关规定。

第八章 国际商事仲裁的特别规定

第六十一条 本章适用

（一）除非当事人另有约定，国际商事案件适用本章规定。本章没有规定的，适用或参照适用本规则其他有关规定。

（二）涉及香港特别行政区、澳门特别行政区及台湾地区的案件，参照适用本章规定。

（三）当事人对案件是否具有国际因素有争议的，由仲裁庭决定。仲裁庭的决定不影响此前已经进行的仲裁程序。仲裁庭决定案件具有国际因素后，案件适用本章规定的程序进行审理。

第六十二条 临时措施

（一）根据当事人申请，仲裁庭可以依据有关法律决定采取其认为适当的临时措施，采取临时措施的决定可以以仲裁庭决定、中间裁决或者有关法律认可的其他方式作出。如果必要，仲裁庭有权要求申请临时措施的当事人提供适当的担保。

（二）当事人也可以依据有关法律直接向具有管辖权的法院提出临时措施申请。

第六十三条 紧急仲裁员

（一）组成仲裁庭之前，当事人需要申请临时措施的，可以依据有关法律规定向本会提出指定紧急仲裁员的书面申请。是否同意，由本会决定。

（二）当事人的书面申请应写明：当事人基本信息；申请临时措施相对方当事人的有效送达方式；申请指定紧急仲裁员及采取临时措施的理由；申请临时措施的具体内容；其他必要的内容。

（三）本会同意指定紧急仲裁员的，应在当事人按照本规则附录 2 的标准预交相应费用后 2 日内在仲裁员名册中指定一名紧急仲裁员，并将指定情况通知当事人。

（四）除非当事人另有约定，本会或紧急仲裁员可以采取电子送达方式向当事人送达相关文件。

（五）紧急仲裁员的信息披露、回避等事项，参照本规则第二十二条、第二十三条的规定办理。

（六）紧急仲裁员有权采取其认为适当的方式就当事人的临时措施申请进行审查，但应保证当事人有合理陈述的机会。

（七）紧急仲裁员应当于指定之日起 15 日内作出相关决定、指令或裁决，并说明理由，该决定、指令或裁决由紧急仲裁员签字并加盖本会印章后发送当事人。

（八）当事人对紧急仲裁员作出的相关决定、指令或裁决有异议的，有权自收到相关决定、指令或裁决之日起 3 日内向紧急仲裁员提出修改、中止或撤销相关决定、指令或裁决的申请，是否同意由紧急仲裁员决定。

（九）除非当事人另有约定，紧急仲裁员不再担任与临时措施申请有关的争议案件的仲裁员。

（十）紧急仲裁员在上述程序中作出的相关决定、指令或裁决，对仲裁庭不具有约束力。仲裁庭可以修改、中止或撤销紧急仲裁员作出的相关决定、指令或裁决。

第六十四条 仲裁庭的组成

（一）当事人可以从本会提供的仲裁员名册中选择仲裁员，也可以从仲裁员名册外选择仲裁员。

（二）当事人从仲裁员名册外选定仲裁员的，应当向本会提供候选人的简历和具体联系方式，经本会确认后可以担任仲裁员。

（三）双方当事人应当自收到仲裁通知之日起20日内按照本规则第二十条的规定分别选定或者委托主任为其指定一名仲裁员，未在上述期限内选定或者委托主任指定仲裁员的，由主任指定。

（四）双方当事人应当在上述期限内共同选定或者共同委托主任指定首席仲裁员。未能共同选定首席仲裁员的，本会主任可以根据案件情况决定由按照第（三）款规定方式产生的仲裁员共同选定首席仲裁员。该两位仲裁员应当自收到本会通知之日起15日内共同选定首席仲裁员。未能按照上述规定选定首席仲裁员的，由主任指定。

（五）经当事人同意增加的外籍仲裁员的报酬，当事人应当在本会规定的期限内预交。未在本会规定的期限内预交的，视为未选定仲裁员。主任可以根据本规则的规定代为指定仲裁员。

（六）符合本规则第五十四条规定的案件，按照本规则第五十五条的规定组成仲裁庭。

第六十五条 答辩及反请求

（一）被申请人应当自收到答辩通知之日起45日（符合本规则第五十四条规定的案件为30日）内，提交答辩书和有关证明文件；如有反请求，也应当在上述期限内以书面形式提出。

（二）当事人变更仲裁请求或反请求的，仲裁庭组成前参照前款规定确定答辩期限；仲裁庭组成后由仲裁庭根据案件具体情况确定答辩期限。

第六十六条 开庭通知

（一）开庭审理的案件，仲裁庭应当于开庭30日（符合本规则第五十四条规定的案件为10日）前将开庭日期通知当事人；经商当事人同意，仲裁庭可以提前开庭。当事人有正当理由请求延期开庭的，可以在开庭12日（符合本规则第五十四条规定的案件为5日）前书面提出；是否延期，由仲裁庭决定。

（二）再次开庭以及延期后开庭日期的通知，不受30日或10日期限限制。

第六十七条 仲裁庭调解

（一）经各方当事人同意，仲裁庭可以进行调解。

（二）因调解不成导致调解程序终止的，如果各方当事人以避免裁决结果可能受到调解影响为由请求更换仲裁员的，主任可以批准。各方当事人承担由此增加的费用。

第六十八条　裁决作出期限

仲裁庭应当自组庭之日起6个月（符合本规则第五十四条规定的案件为90日）内作出裁决。有特殊情况需要延长的，由首席仲裁员或独任仲裁员提请秘书长批准，可以适当延长。

第六十九条　法律适用

（一）仲裁庭应当根据当事人选择适用的法律对争议作出裁决。除非当事人另有约定，选择适用的法律系指实体法，而非法律冲突法。

（二）当事人未选择的，仲裁庭有权根据案件情况确定适用的法律。

（三）根据当事人的约定，或者在仲裁程序中当事人一致同意，仲裁庭可以依据公平合理的原则作出裁决，但不得违背法律的强制性规定和社会公共利益。

（四）在任何情况下，仲裁庭均应当根据有效的合同条款并考虑有关交易惯例作出裁决。

第九章　附　　则

第七十条　期限的计算

（一）本规则规定的期限或者根据本规则确定的期限，应当自期限开始之次日起算。期限开始之日，不计算在期限内。

（二）如果期限开始之次日为送达地公共假日或者非工作日，则从其后的第一个工作日开始计算。期限内的公共假日和非工作日应计算在期限内。期限届满日是公共假日或者非工作日的，以其后的第一个工作日为期限届满日。

（三）期限不包括在途时间，仲裁文书、通知、材料在期限届满前交邮、交发的，不算过期。

（四）当事人因不可抗力或者其他正当理由耽误期限的，在障碍消除后10日内，可以申请顺延；是否准许，由本会或者仲裁庭决定。

（五）本规则规定的属于本会管理性质的期限（包括但不限于本规则第九条第一款、第十条、第十一条第二款、第十二条第四款、第二十一条中规定的期限),经本会秘书长批准后,可以根据实际情况予以延长。

第七十一条 送达

(一)有关仲裁的文书、通知、材料等可以当面送达或者以邮寄、专递、传真、电子邮件或其他电子方式送达当事人或者其代理人。本会或者仲裁庭有权根据案件具体情况采取适当的送达方式。

(二)向当事人或者其代理人发送的仲裁文书、通知、材料等,如经当面送交受送达人或者邮寄至受送达人或者对方当事人提供的受送达人的营业地点、注册地、居住地、身份证载明地址、户籍地址、当事人约定的送达地址或者其他通讯地址,即视为已经送达。采用电子方式进行送达的,电子传输记录能够显示已完成发送的,即视为已经送达。

(三)经合理查询不能找到受送达人的营业地点、注册地、居住地、身份证载明地址、户籍地址、当事人约定的送达地址或者其他通讯地址而以邮寄、专递的方式或者能提供投递记录的其他任何方式投递给受送达人最后一个为人所知的营业地点、注册地、居住地、身份证载明地址、户籍地址、当事人约定的送达地址或者其他通讯地址,即视为已经送达。送达时间由本会或仲裁庭确定。

(四)当事人约定相互送达的,如对送达时间有争议,由本会或仲裁庭确定送达时间。

第七十二条 仲裁语言

(一)当事人可以约定仲裁程序中使用的语言。当事人没有约定的,本会或者仲裁庭可以根据案件具体情况确定使用中文或者其他语言为仲裁程序的语言。

(二)当事人约定使用两种或者两种以上语言的,仲裁庭在征得当事人同意的情况下可以确定使用其中一种语言。如果当事人无法达成一致意见,仲裁程序可以以多种语言进行,由此增加的相关费用由当事人承担。

(三)本会或者仲裁庭可以根据案件具体情况确定国际商事仲裁程序中的书面材料是否需要附具中文译本或者其他语言译本。

(四)当事人或者其代理人、证人需要语言翻译,可以由本会提供译员,也可以由当事人自行提供译员。当事人承担翻译费用。

第七十三条 本规则的解释

(一)本规则由本会解释。

(二)除非本会另有声明,本会发布的其他文件不构成本规则的组成部分。

第七十四条　本规则的正式文本

本会公布的本规则的中文、英文以及其他语文文本,均为正式文本。不同文本的表述产生歧义时,以中文文本的表述为准。

第七十五条　本规则的施行

本规则自2022年2月1日起施行。本规则施行前受理的案件,适用受理时施行的仲裁规则。双方当事人协商一致且本会同意的,可以适用本规则。

附录1:北京仲裁委员会/北京国际仲裁院案件收费标准(略)

附录2:关于指定紧急仲裁员及申请临时措施的收费标准(略)

附录三　仲裁办案流程图

中国国际经济贸易仲裁委员会仲裁办案流程图

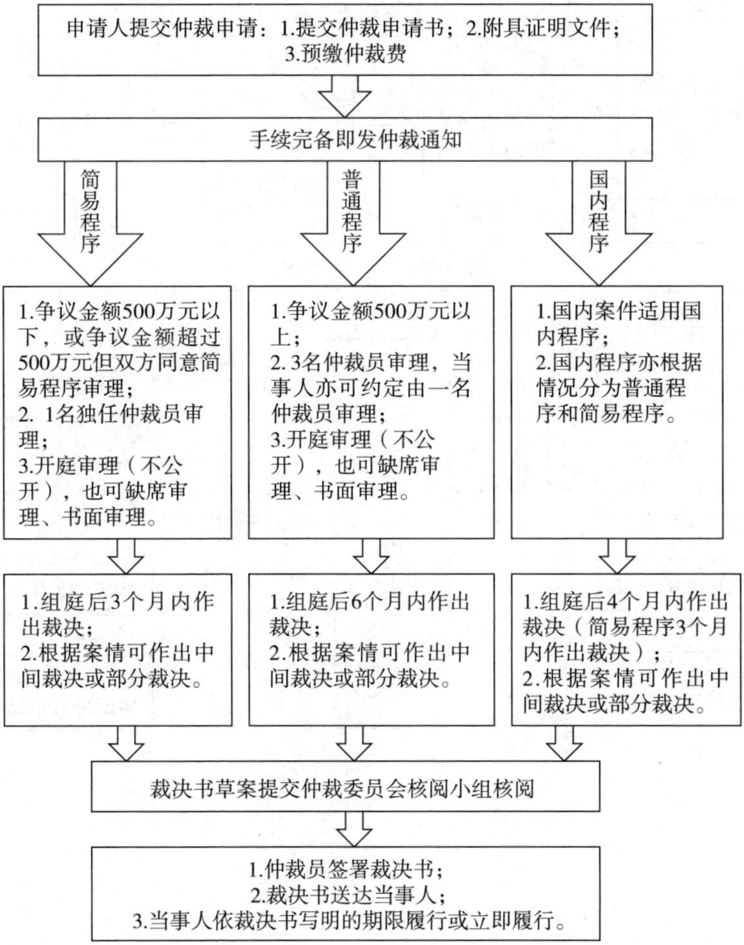

北京仲裁委员会仲裁办案流程图

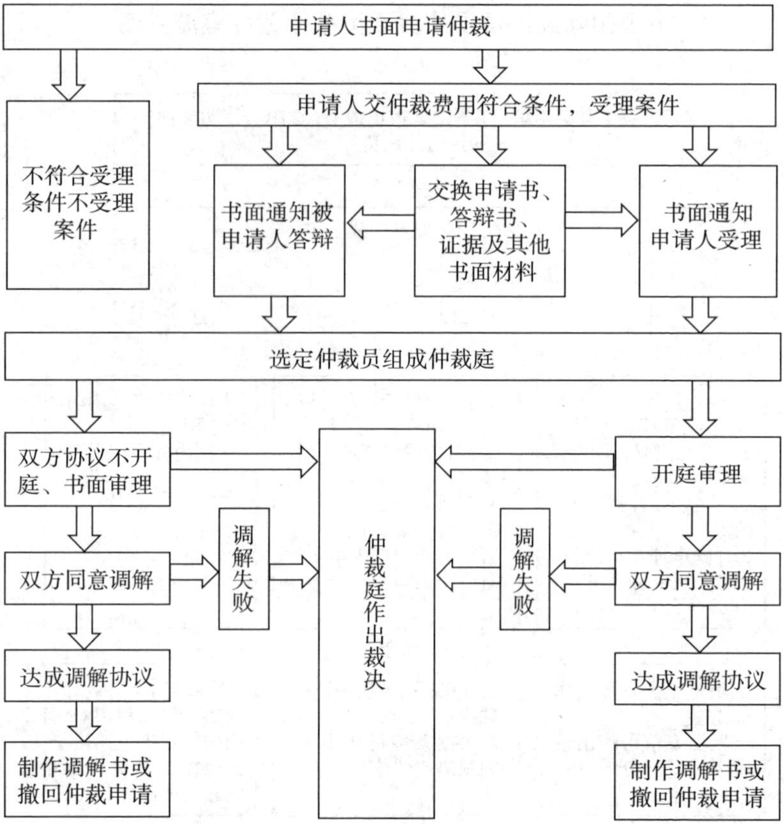